♥ Lovely Ravely ♥

나만 알고 싶은 러블리 인형옷 레시피!

라디오의
인형옷 클래스

최지은 지음

라의눈

Contents

prologue ···················· 4
보헤미안 원피스 ············ 34
에이프런 ····················· 40
리넨 셔츠 ···················· 44
세일러 칼라 ················· 48
리넨 팬츠 ···················· 50
스모킹 원피스 ·············· 54
스모킹 기법 ················· 60
블라우스 ····················· 62
데님 스커트 ················· 68
스웨이드 원피스 ············ 74
가을 원피스 ················· 78
철릭 원피스 ················· 84
허리치마 ····················· 88
코듀로이 코트 ·············· 92
핑크 점프수트 ·············· 98
L 사이즈 모델 ·············· 104
S 사이즈 모델 ·············· 105
epilogue ···················· 106

이 책은 라디오의 오리지널 디자인 돌 소잉 북입니다.
자수와 레이스, 리본을 어떻게 섬세하게 다루는지,
소매 부리, 시접, 단추 등을 어떻게 꼼꼼히 처리하는지,
인형옷을 처음 만드는 분들도 이해하기 쉽게
가능한 차근차근 설명했습니다.

한 벌을 만들어도 단품으로만 입히기보다
다른 의상과 믹스 앤 매치하여 자유롭고 다양하게
스타일링할 수 있는 아이템들로 구성해보았어요.

육일돌 가운데 가장 큰
네오 블라이스를 L 사이즈,
쿠쿠클라라,
제리베리,
카카롯을 S 사이즈로 표기하였습니다.
각각의 인형들과 크기가 비슷한 다른 아이들에게도
입힐 수 있지 않을까 합니다.

마음에 드는 의상부터 시도해보세요.

Prologue

처음 출간 제의를 받았을 때 제 책을 내는 것이 시기상조는 아닐까, 고민이 많았습니다. 책을 만들기 전 과연 '라디오의 색' '라디오의 스타일'은 무엇일까 생각하며, 그동안 만들어온 제 작품들을 되돌아보는 시간을 가졌어요. 저조차도 제 스타일을 한마디로 정의하기에는 아직 부족함이 많아 보였고, 의상을 만들 때는 그때마다 떠오르는 아이디어를 스케치하거나 하고 싶은 스타일을 즉흥적으로 만들었던 것 같아요. 저만의 색으로 한 권의 책을 만들기에는 많은 어려움이 있었습니다. 그래서 떠오른 생각이 책에 제 스타일을 다 담을 수 없다면, 작가가 아닌 인형옷을 좋아하는 독자의 입장에서 활용하기 좋은 의상을 만들어 보자는 것이었습니다.

예컨대 에이프런처럼 하나의 아이템을 책에 수록된 다른 의상, 혹은 기존에 갖고 있는 의상과 믹스 앤 매치시켜 다양한 분위기를 연출할 수 있도록 활용도가 높은 아이템들로 책을 구성해봤습니다. 따라 만들기 쉬우면서도 평범하지 않고 제가 만든 의상과는 다른 느낌의 원단, 부자재들을 활용하여 자기만의 색을 표현할 수 있는 그런 책으로 독자들께 사용되었으면 하는 바람입니다.

'인형 의상 작가'라는 평범하지 않은 직업 때문에 항상 불규칙한 생활임에도, 불평 없이 오히려 저를 믿고 도움을 주며 때로는 냉정한 평가를 해주던 남편에게 정말 사랑한다고, 고맙다고 말하고 싶어요. 항상 곁에서 저를 응원해주고 큰 힘이 돼주던 저의 친구들과 지인들께도 지면으로나마 감사의 마음을 전합니다. 아울러 책을 만들 수 있는 기회를 준 최현숙 편집장에게도 감사 인사를 전합니다. 마지막으로, 이 책을 읽을 독자들께 그리고 제 작품을 늘 응원해주시는 분들께 그간의 노력을 '책'이라는 형태로 세상에 내보이며 떨리지만 수줍은 인사드립니다. 감사합니다.

2018년 봄
라디오, 최지은 드림

· 사이즈표 ·

	네오 블라이스	제리베리 (오비츠 바디)	쿠쿠클라라	카카롯
키	29	24.2	21	19.7
가슴둘레	10.4	8.6	8.6	9
허리둘레	7.1	6.4	5.6	7.1
엉덩이둘레	10	9	10	9.2
머리둘레	26.5	19	11.5	12
어깨 폭	3.7	3	3	2.9
팔 길이	6.2	6.3	5.8	5.8

※ 크기는 직접 잰 것으로 미세한 오차가 있을 수 있습니다.

가을 원피스 with Neo Blythe

보헤미안 원피스 with Neo Blythe

보헤미안 원피스 + 에이프런 with Neo Blythe

보헤미안 원피스 + 에이프런 with Neo Blythe

보헤미안 원피스 L · S Size

리넨 셔츠 + 세일러 칼라 + 리넨 팬츠 with Neo Blythe

BLYTHE is a trademark of Hasbro. ©2017 Hasbro. All Rights Reserved. BLYTHE character rights are licensed in Asia to Cross World Connections, Co., Ltd.
www.blythedoll.com

블라우스 + 데님 스커트 with Neo Blythe

스웨이드 원피스 + 블라우스 with Neo Blythe

스모킹 원피스 with Neo Blythe

BLYTHE is a trademark of Hasbro. ©2017 Hasbro. All Rights Reserved. BLYTHE character rights are licensed in Asia to Cross World Connections, Co., Ltd.
www.blythedoll.com

코듀로이 코트 with Neo Blythe

핑크 점프수트 with Neo Blythe

보헤미안 원피스 with JERRYBERRY

보헤미안 원피스 with kukuclara

보헤미안 원피스 + 에이프런 with kukuclara

리넨 셔츠 + 세일러 칼라 + 리넨 팬츠 + 에이프런 with JERRYBERRY

리넨 셔츠 + 세일러 칼라 + 리넨 팬츠 with JERRYBERRY

리넨 셔츠 + 세일러 칼라 + 리넨 팬츠 + 에이프런 with kukuclara

리넨 셔츠 + 세일러 칼라 + 리넨 팬츠 with kukuclara

스웨이드 원피스 + 블라우스 with cacarote

스웨이드 원피스 + 블라우스 with JERRYBERRY

가을 원피스 with kukuclara

▲ 블라우스 + 데님 스커트 with kukuclara　▼ 블라우스 + 데님 스커트 with cacarote

철릭 원피스 + 허리치마 with JERRYBERRY

▲▼ 철릭 원피스 + 허리치마

오후 네 시의 햇살이 비치는 작업실.
디자인에 많은 영감을 주는 빈티지 레이스들.

인형옷을 만들기 전에 갖출 도구입니다. 제가 실제로 사용하는 도구들이에요.

① 재단용 가위
가위 끝이 너무 뾰족하지 않고, 가윗날이 짧은 것이 인형옷 재단에 좋아요.

② 겸자 가위
옷감을 바깥으로 뒤집을 때 사용하는 수예용 겸자 가위는 보기보다 상당히 유용해요.

③ 레이스
코튼 소재로 된 프랑스 레이스나 빈티지 레이스가 의상을 더욱 고급스럽게 만듭니다.

④ 퀼트 가위
작은 시접을 자르거나 실밥을 정리할 때 편리해요.

⑤ 다리미펜 ⑥ 화이트 다리미펜
열에 지워지는 다리미펜은 초크 대신 사용합니다. 옷감에 따라 달리 사용하세요.

⑦ 실뜯개(리퍼)
박음질이 잘못되었을 때 실을 깔끔하게 제거할 수 있어요.

⑧ 접착테이프
소매, 바지, 치맛단 등 바느질선 없이 깔끔하게 처리하고 싶을 때 사용해요.

⑨ 핀봉과 시침핀

⑩ 줄자

⑪ 똑딱단추
옷의 트인 부분에 달아 의상을 여미는 용도로 사용합니다.

⑫ 올풀림 방지액
재단 후 옷감 가장자리에 발라주면 올이 풀리지 않아, 오버크 대신 사용합니다. 저는 가와구찌의 피케 본드를 주로 사용해요.

보헤미안 원피스

✻

특별한 소품이 없어도, 툭 걸치기만 해도 에스닉한 느낌이 물씬 풍기는
보헤미안 원피스. 목 부분의 태슬 장식 끈이 원피스에 생기를 불어넣습니다.

―| Ready to do |―

／L 사이즈
60수 무늬 원단 : 가로 32cm × 세로 32cm
40수 리넨 원단 : 가로 10cm × 세로 7cm
밑단 레이스 : 40cm
똑딱단추 : 2쌍
자수실 : 빨강색, 노란색

／S 사이즈
60수 무늬 원단 : 가로 27cm × 세로 26cm
40수 리넨 원단 : 가로 9cm × 세로 6cm
밑단 레이스 : 35cm
똑딱단추 : 2쌍
자수실 : 빨강색, 노란색

┤ How to make ├

1. 준비한 원단에 패턴을 놓고 그린 다음 재단합니다. 네이비 컬러의 상체(가슴) 부분을 제외하고, 나머지 원단에는 사방으로 올풀림 방지액을 발라주세요.

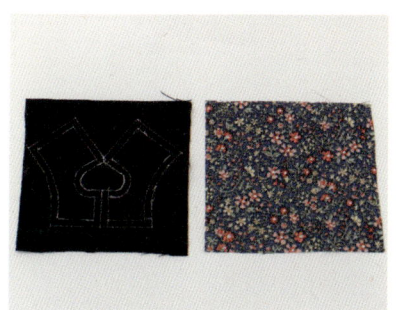

2. 겉감 원단과 안감으로 사용할 원단을 준비합니다. 겉감으로 사용할 원단 뒤쪽에 패턴을 놓고 그립니다.

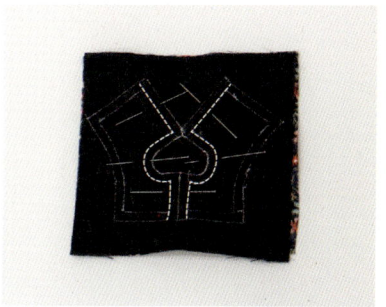

3. 겉감과 안감을 겉면끼리 맞대고 뒤중심, 목선, 앞중심을 박음질합니다.

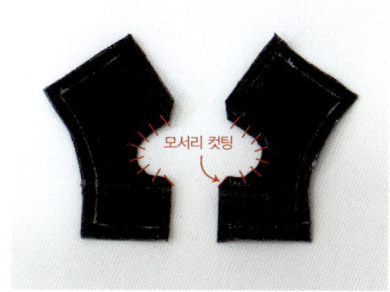

4. 시접을 0.5cm 남기고 잘라주세요. 이때 목선 부분에 가위집을 넣습니다.

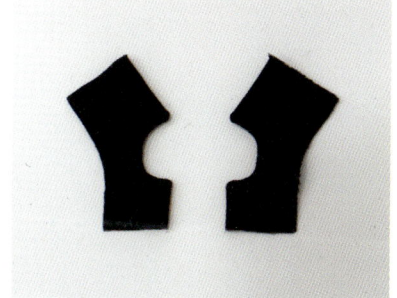

5. 상체를 뒤집어준 다음 다림질로 모양을 잡아주세요.

6. 소매 커프스를 반으로 접어주세요.

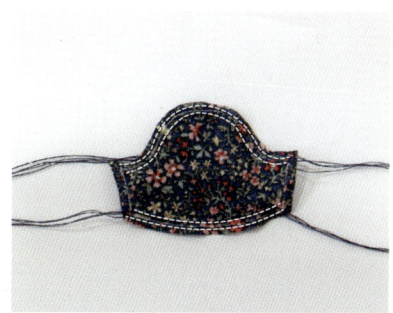

7. 소매산과 소매 부리에 완성선을 기준으로 위아래로 홈질해줍니다.

8. 홈질한 실 가운데 위, 아래 실 2줄을 잡아당겨 주름을 만듭니다. 마찬가지로, 소매 아랫단에도 주름을 만드세요.

9. 반으로 접은 커프스를 소매 겉쪽 소매 부리에 마주 대고 박음질합니다. 이때 커프스 길이에 맞도록 소매 부리의 주름 양을 조절해서 맞춰주세요.

— How to make —

10. 스커트 앞판의 상체와 연결되는 부분에 완성선을 기준으로 위아래로 홈질합니다.

11. 홈질한 실 가운데 위, 아래 실 2줄을 잡아당겨 주름을 만듭니다.

12. 뒤판도 앞판과 같은 방법으로 주름을 만드세요.

13. 상체 부분 겉면과 스커트 겉면을 마주 보게 한 다음, 박음질해주세요. 이때 스커트 중심 부분에 표시를 하여, 상체에 스커트의 주름이 골고루 자리 잡도록 합니다.

14. 시접을 위쪽으로 접은 다음, 상체에 스티치를 넣습니다.

15. 같은 방법으로 뒤판도 연결해주세요. 이때 스커트 뒤중심 시접을 접어서 같이 박음질합니다.

How to make

16. 뒤판 쪽 시접도 상체 쪽으로 접어서 스티치를 넣습니다.

17. 커프스를 달아 준비해둔 소매를 상체와 연결합니다. 이때 주름 양을 조절해서 암홀 길이에 맞게 소매산 길이를 맞춥니다.

18. 어깨를 중심으로 반으로 접어 앞판과 뒤판, 옆선을 박음질하세요.

19. 박음질한 옆선 시접을 반으로 갈라 다림질해주세요.

20. 스커트 겉감과 레이스 겉면을 마주 보게 한 다음 박음질합니다.

21. 박음질한 레이스 시접을 위쪽으로 접은 다음 스티치를 넣어주세요.

How to make

22. 뒤중심을 박음질합니다. 이때 여밈 부분을 표시해서, 표시선 전까지만 박음질해주세요.

23. 원피스를 뒤집어서 박음질한 뒤중심 시접을 갈라 다림질합니다.

24. 상체 라인을 따라서 체인 스티치로 장식합니다.

25. 자수실을 2.5cm 길이로 잘라 2개씩 총 4개를 준비하세요.

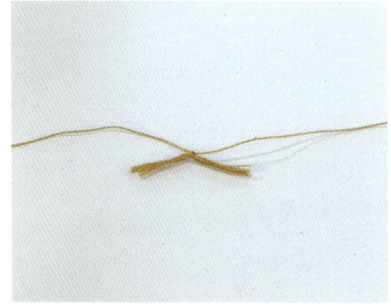

26. 2.5cm로 자른 자수실 2개를 모아서 가운데를 묶어주세요. 이때 가운데를 묶는 실 길이는 넉넉하게 준비합니다.

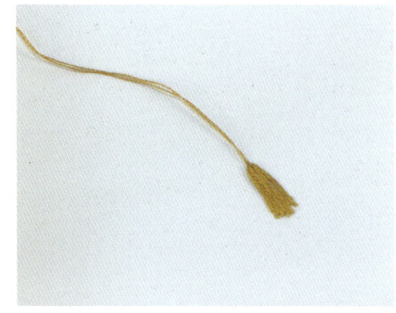

27. 가운데가 묶인 2.5cm 길이의 실을 아래로 모은 후 패브릭 전용 풀을 발라 태슬 모양으로 다듬습니다.

— **How to make** —

28. 가위로 태슬 길이를 정리합니다.

29. 태슬이 달린 반대쪽 실을 바늘귀에 꿰어 바늘을 상체 바깥쪽에서 안쪽으로 통과시킵니다.

30. 다시 상체 아래쪽으로 통과시킵니다.

31. 매듭을 짓습니다. 나머지 한쪽도 같은 방법으로 태슬을 달아주세요.

32. 태슬을 리본으로 묶고, 뒤여밈에 똑딱단추를 달면, 완성!

에이프런

✳

60수 리넨의 빈티지함이 매력인 에이프런.
페더 스티치와 옆선의 끈이 목가적인 느낌과 사랑스러움을
동시에 느끼게 합니다.

┤ **Ready to do** ├

╱ L 사이즈

60수 리넨 원단 : 가로 40cm × 세로 24cm
레이스 or 끈 : 70cm
4mm 여밈용 구슬 : 2개
자수실 : 아이보리

╱ S 사이즈

60수 리넨 원단 : 가로 32cm × 세로 19cm
레이스 or 끈 : 60cm
4mm 여밈용 구슬 : 2개
자수실 : 아이보리

| How to make |

1. 준비한 원단에 패턴을 놓고 재단한 다음 스커트 원단에만 사방으로 올풀림 방지액을 발라주세요.

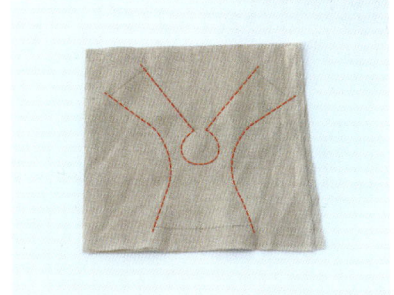

2. 상체 패턴을 원단에 대고 그린 다음 뒤중심, 목선, 암홀을 박음질합니다. 이때 스커트와 붙게 될 앞, 뒤판 허리선은 완성선보다 0.5cm 더 박음질 합니다.

3. 상체를 박음질하고 앞, 뒤판 밑단 시접은 0.5cm, 뒤중심과 목선, 암홀 부분 시접은 0.3cm만 남기고 자릅니다. 이때 목선과 암홀 부분의 곡선에 가위집을 줍니다.
   * 곡선 부분에 가위집을 넣어줘야 깔끔하게 뒤집어져요.

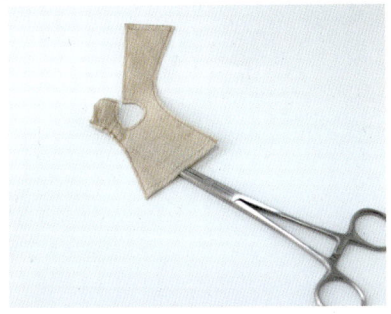

4. 겸자를 이용해 뒤집어주세요.

5. 뒤집은 상체를 다리미로 다리고, 스커트와 붙게 될 시접 부분에 올풀림 방지액을 바릅니다.

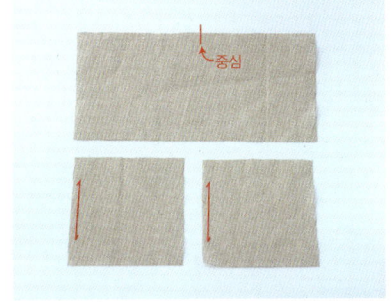

6. 재단한 스커트를 준비합니다. 스커트 앞판에 중심 표시를 해주고, 뒤판에는 원단결을 알 수 있도록 식서 방향을 표시합니다.

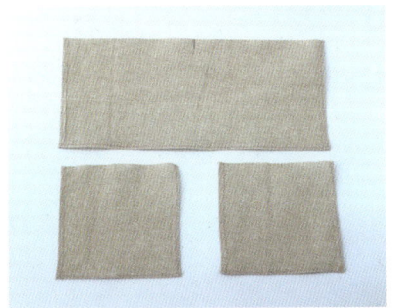

7. 스커트 사방으로 올풀림 방지액을 바른 다음 양 옆선과 아랫단을 각각 0.3cm 간격으로 한 번 접어서 박음질하세요.

8. 스커트 겉면에 페더 스티치가 들어갈 부분을 다리미펜으로 표시해둡니다.

9. 페더 스티치를 놓은 후 다리미로 다려 펜 선을 지웁니다.

How to make

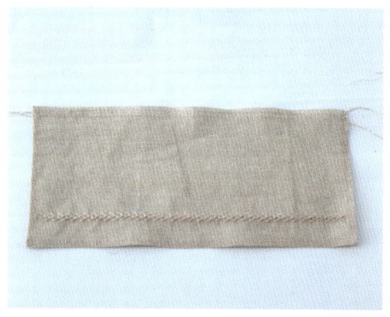

10. 허리와 연결되는 부분을 2줄로 홈질합니다. 재봉틀을 이용할 때는 땀수를 넓히고 장력을 낮춘 후 박음질하세요. 같은 방법으로 스커트 뒤판도 2줄로 홈질합니다.

11. 안쪽 면에서 보이는 위, 아래 실 2줄을 당겨서 주름을 만듭니다.

12. 상체 겉면과 스커트 겉면을 맞대고 2줄로 홈질한 중간 부분을 박음질하세요.

13. 박음질한 시접을 상체 쪽으로 올리고, 스티치를 넣습니다. 주름을 잡기 위해 홈질했던 실은 이때 제거합니다.

14. 같은 방법으로 뒤판도 박음질하세요.

15. 리본이나 레이스 등을 이용하여 스커트 옆선에 끈을 달아줍니다. 스커트 옆선에 맞게 끈을 핀으로 고정한 다음 박음질하세요.

How to make

16. 끈을 바깥쪽으로 꺾고, 한 번 더 박음질합니다.

17. 상체 겉면에 뒤중심, 목선, 암홀을 따라 페더 스티치로 장식해주세요.

18. 뒤중심 한쪽은 비즈를 달고, 반대편에는 실고리를 만들어 뒤여밈을 만듭니다.

19. 양쪽 옆선에 매단 끈을 리본으로 묶으면, 완성!

리넨 셔츠

✽

팔꿈치를 살짝 덮는 팔 길이와 라운드 넥이 더없이 편안한 느낌의 리넨 셔츠.
앞과 뒤가 다른 길이감과 소매 끝단 처리가 포인트입니다. 데님과 잘 어울리는 아이템입니다.

| Ready to do |

/ L 사이즈
40수 리넨 원단 : 가로 18cm × 세로 20cm
망사 원단 : 가로 20cm × 세로 17cm
3mm 여밈용 구슬 : 3개

/ S 사이즈
40수 리넨 원단 : 가로 12cm × 세로 19cm
망사 원단 : 가로 18cm × 세로 15cm
3mm 여밈용 구슬 : 3개

| How to make |

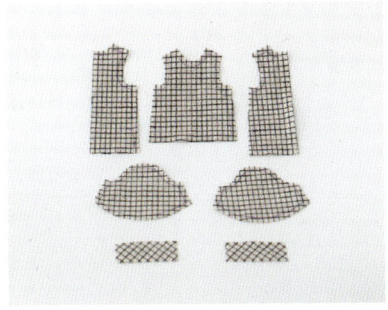

1. 준비한 원단에 패턴을 놓고 재단한 다음 사방으로 올풀림 방지액을 발라주세요.

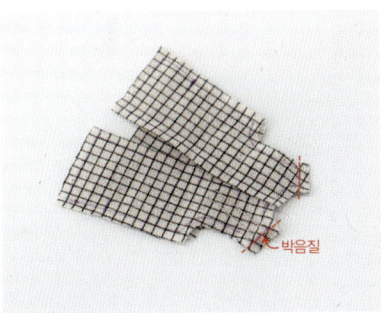

2. 몸판의 앞판과 뒤판을 겉면끼리 맞대고, 어깨선을 박음질합니다.

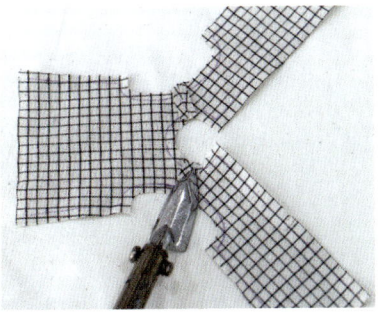

3. 박음질한 어깨선 시접을 양옆으로 갈라 다림질해주세요.

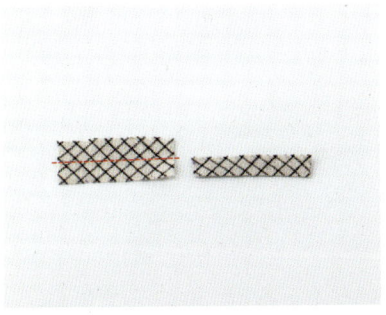

4. 소매 커프스를 준비합니다. 커프스는 반으로 접어 다림질해주세요.

5. 소매산과 소매 부리를 2줄로 홈질합니다. 이때 완성선을 가운데 두고 위아래로 홈질하세요.

6. 안쪽 면에서 보이는 위, 아래 실 2줄을 잡아당겨 소매산과 소매 부리에 주름을 만들어주세요.

7. 소매 부리에 반으로 접어 놓은 커프스를 놓고 박음질합니다.

8. 커프스를 박음질하고, 시접을 소매산 쪽으로 접어주세요. 주름을 만들기 위해 홈질했던 실은 이때 제거합니다.

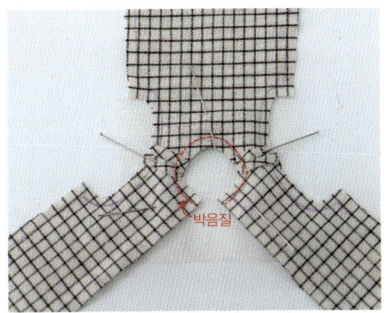

9. 어깨를 연결한 몸판 겉면에 망사 원단을 겹친 후 네크라인을 따라 박음질해주세요.

How to make

10. 망사를 1cm 길이만 남기고 목선을 따라 둥그렇게 자른 다음 곡선 부분에 가위집을 줍니다.

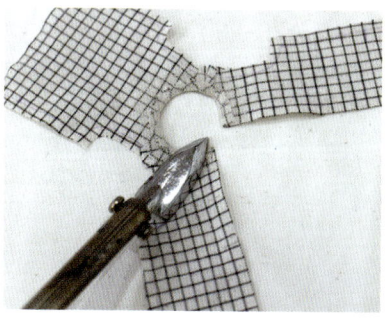

11. 망사를 몸판 안쪽으로 젖힌 후 다림질합니다.

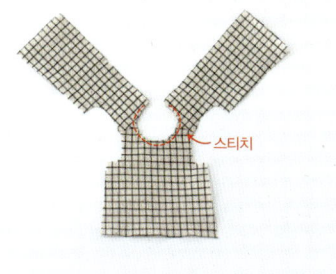

12. 몸판 겉쪽에서 목선을 따라 스티치를 넣습니다.

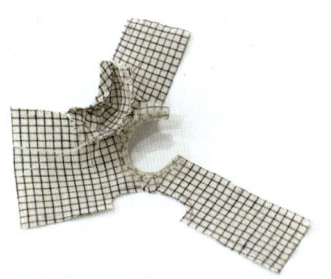

13. 몸판 겉면과 소매 겉면을 맞댄 후 암홀을 따라 소매를 달아주세요. 이때 소매에 잡은 주름 양을 조절해 암홀 길이에 맞게 맞춥니다.

14. 나머지 한쪽 소매도 달아주세요.

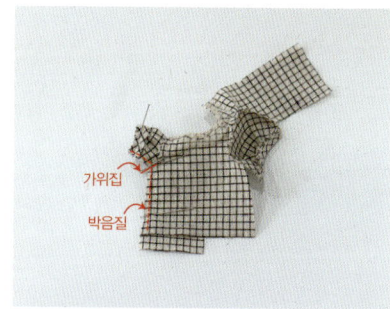

15. 어깨선을 기준으로 반으로 접어 옆선을 박음질합니다.

― How to make ―

  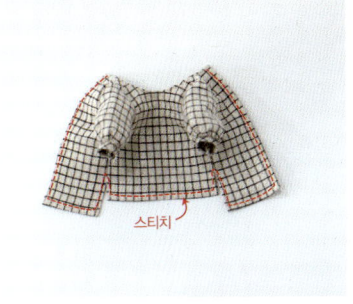

16. 나머지 반대쪽도 박음질한 다음 시접을 갈라 다림질합니다.

17. 뒤중심과 몸판 아랫단도 0.5cm 간격으로 접어서 다림질하세요.

18. 0.5cm 간격으로 접어 놓은 부분에 스티치를 넣어 끝단을 마무리합니다.

19. 오른쪽에는 구슬을 달고 왼쪽에는 실고리를 달아 여밈을 만듭니다.

20. 완성!

세일러 칼라

*

탈부착으로 제작하여 활용도가 매우 높은 아이템입니다.
이 책에서는 리넨 셔츠와 매치시켰지만, 라운드 티셔츠나 원피스 등에도 매우 잘 어울릴 것 같아요.

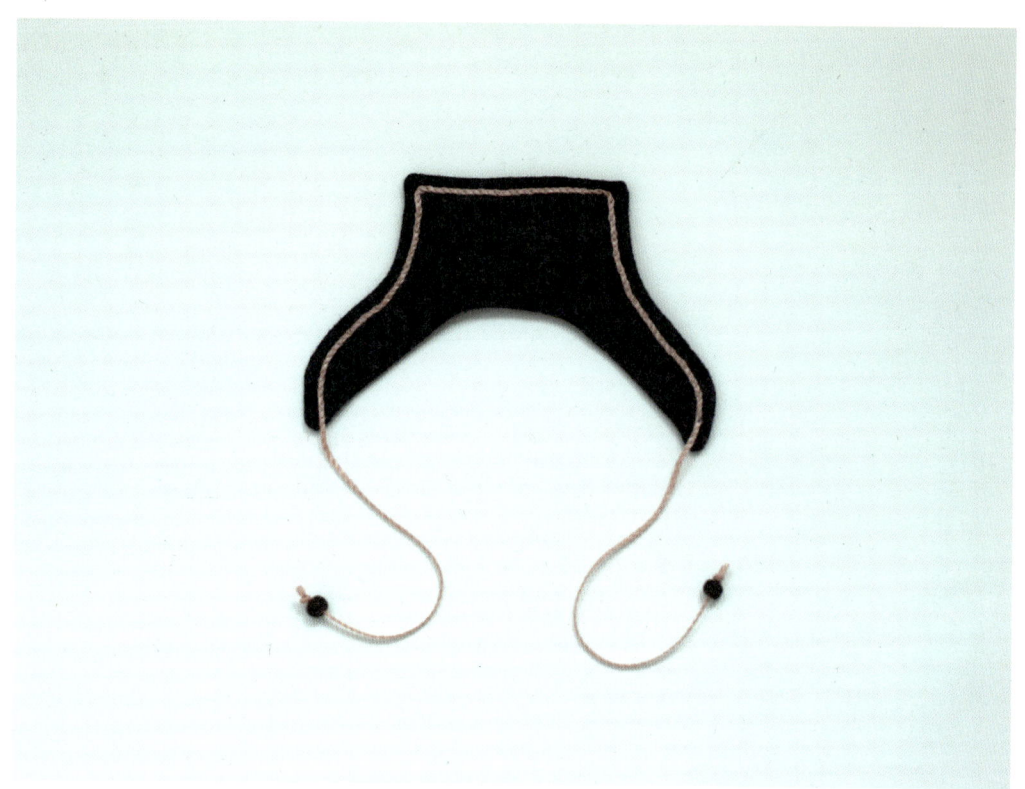

| Ready to do |

✓ L 사이즈
40수 리넨 원단 : 가로 10cm × 세로 12cm
리본 or 끈 : 30cm
4mm 나무구슬 : 2개

✓ S 사이즈
40수 리넨 원단 : 가로 7cm × 세로 11cm
리본 or 끈 : 26cm
4mm 나무구슬 : 2개

┤ How to make ├

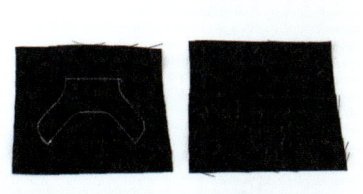

1. 같은 크기의 원단 2장을 준비한 다음 한쪽 원단 뒤판에 패턴을 놓고 그려주세요.

2. 패턴을 그린 원단의 겉면과 나머지 원단의 겉면을 겹쳐 놓고 박음질합니다. 이때 창구멍을 남기고 사방으로 박음질하세요.

3. 시접을 0.3cm만 남기고 잘라줍니다. 창구멍이 있는 부분은 0.5cm 정도 남기고 잘라주세요.

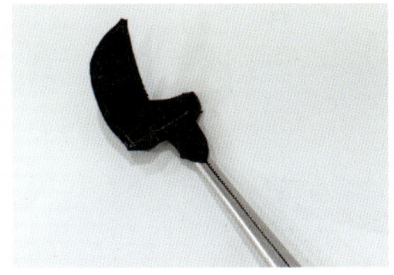

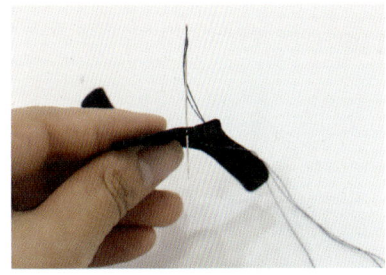

4. 겸자를 이용하여 뒤집습니다.

5. 뒤집은 칼라를 다리미로 다려서 모양을 잡습니다.

6. 창구멍을 감침질로 막아주세요.

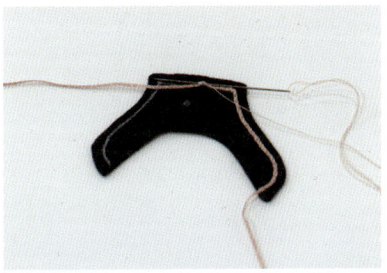
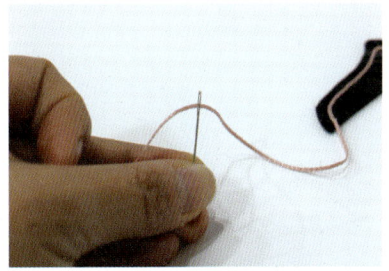

7. 완성선에서 0.3cm 안쪽으로 들여 보조선을 그려줍니다.

8. 보조선을 따라서 얇은 리본이나 레이스를 홈질로 고정시키세요. 이때, 끈은 묶을 수 있도록 양쪽을 길게 남깁니다.

9. 리본 끈을 바늘귀에 꿰어줍니다. 바늘귀가 큰 자수용 바늘을 사용하시면 편해요.

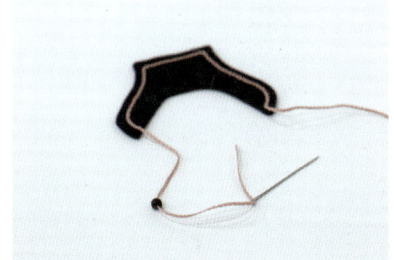

10. 바늘에 구슬 등을 꿰어 장식합니다.

11. 나머지 한쪽에도 구슬을 꿰어준 후 리본끈을 같은 길이로 잘라 구슬이 빠지지 않도록 끝 쪽에 매듭을 짓습니다.

12. 리본을 묶으면 완성!

리넨 팬츠

톤 다운된 워싱리넨 소재는 오래 입어 내 몸과 같이 편한 느낌을 줍니다.
옷을 만들면서 느꼈던 적당히 까슬까슬한 30수 리넨의 감촉이 손끝에 느껴지네요.

| Ready to do |

/ L 사이즈
- 30수 리넨 원단 : 가로 26cm × 세로 20cm
- 망사 원단 : 가로 6cm × 세로 6cm
- 4mm단추 : 1개
- 똑딱단추 : 1쌍

/ S 사이즈
- 30수 리넨 원단 : 가로 26cm × 세로 18cm
- 망사 원단 : 가로 6cm × 세로 6cm
- 4mm단추 : 1개
- 똑딱단추 : 1쌍

| How to make |

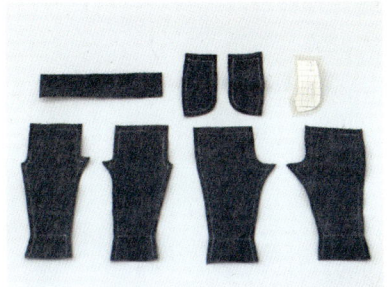

1. 준비한 원단에 패턴을 놓고 재단한 다음 사방으로 올풀림 방지액을 발라주세요.

2. 패턴에 표시된 주름 부분을 원단 앞판 겉면에 똑같이 표시해둡니다. 뒤판 겉면에도 표시해두시고요.

3. 바지 중심선에서 바깥 부분으로 주름을 접어 핀으로 고정시킵니다.

4. 뒤판 역시 앞판처럼 주름을 잡아 핀으로 고정한 다음 스티치를 넣습니다.

5. 바지 앞판 겉면에 재단해놓은 주머니감 망사 원단을 박음질합니다.

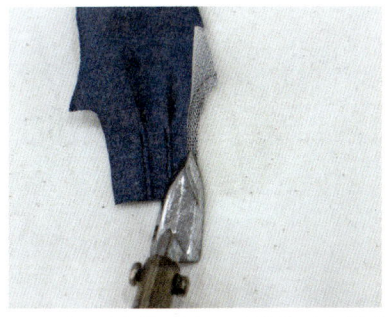

6. 망사 주머니감을 바깥으로 젖힌 후 다림질합니다.

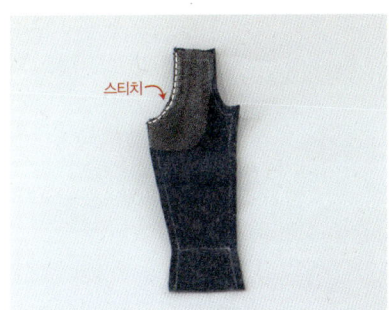

7. 주머니의 망사 부분을 안쪽으로 완전히 접어, 주머니 선을 따라 스티치를 넣습니다.

8. 원단으로 재단해놓은 주머니감을 망사 주머니감과 마주 댄 후 박음질합니다.

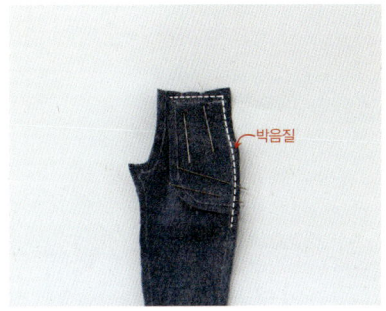

9. 주머니를 허리선과 바지 옆선에 박음질해서 고정시킵니다.

How to make

10. 바지 앞판 겉면끼리 마주 대고, 앞중심선을 박음질한 다음 곡선 부분에 가위집을 줍니다.

11. 박음질한 부분의 시접을 반으로 갈라 다림질하세요.

12. 바지 앞판 겉면과 뒤판 겉면을 마주 댄 후 옆선을 박음질합니다.

13. 시접을 반으로 가른 후 다림질합니다.

14. 패턴에 표시된 만큼 바지 밑단에 표시하고, 두 번 접어 다림질하세요.

15. 두 번 접은 바지 밑단 옆선을 박아서, 접은 부분이 풀리지 않도록 고정시킵니다.

16. 뒤중심 표시선에 가위집을 넣습니다.

17. 뒤중심에서 가위집 넣은 윗부분을 접어 박음질합니다. 반대쪽도 같은 방법으로 박음질하세요.

18. 바지 겉면과 허리 벨트감 겉면을 마주 대고 박음질합니다. 벨트 양옆 시접을 접어 함께 박음질하세요.

― How to make ―

19. 박음질한 벨트를 위로 접어 올린 후 다림질합니다.

20. 벨트의 나머지 부분을 안쪽으로 접고, 벨트를 박음질한 선을 따라 박음질하세요.

21. 뒤중심을 박음질하고 가위집을 넣습니다.

22. 박음질한 뒤중심 시접을 갈라 다림질합니다.

23. 바지 앞쪽 겉면과 뒤쪽 겉면을 마주 댄 후 박음질합니다.

24. 뒤여밈 부분에 똑딱이 단추를 달아주세요.

25. 앞쪽 중앙에 단추를 달면, 완성!

스모킹 원피스

✻

보는 순간 마음을 빼앗길 여리여리한 스모킹 자수 원피스. 60수 실크리넨과 자수, 레이스로 만들어
깔끔하면서도 여성미를 살린 디자인이 되었어요.
디테일에 신경 쓴다면, 생각보다 어렵지 않게 만드실 수 있어요.

| Ready to do |

/ L 사이즈

60수 실크리넨 : 가로 35cm × 가로 28cm

밑단 레이스 : 1.5cm 폭 36cm

똑딱단추 : 2쌍

자수실 : 아이보리

┤ How to make ├

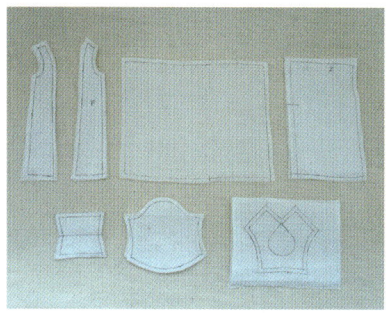

1. 준비한 원단에 패턴을 놓고 재단한 다음 사방으로 올풀림 방지액을 발라주세요.

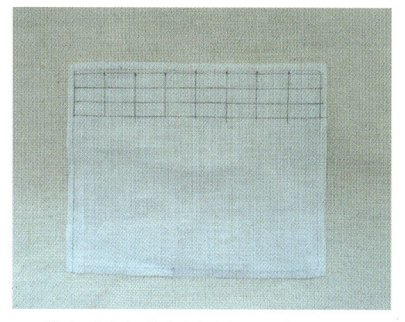

2. 원단 겉면에 다리미펜이나 수성펜으로 7mm 간격으로 가로 보조선을 그어줍니다. 세로는 7등분하여 보조선을 그어주세요.(보조선에 정확한 기준은 없기 때문에 자신이 알아볼 수 있도록 등분해 그어주시면 돼요.)

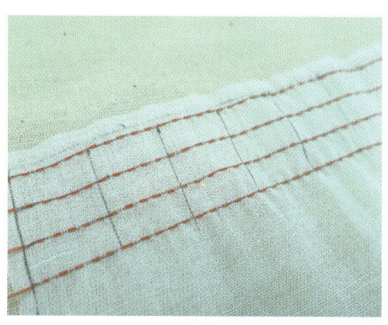

3. 가로선은 4줄 모두 같은 간격으로 홈질합니다.(60쪽 스모킹 기법 참조.)

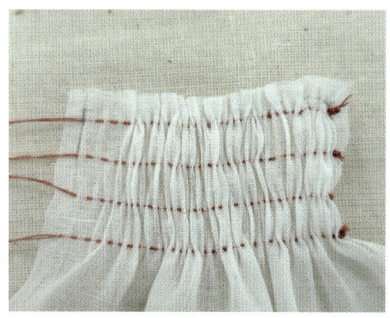

4. 오른쪽 부분에 매듭을 짓고 실을 당겨 주름을 만듭니다.(60쪽 스모킹 기법 참조.) 얇은 원단은 주름이 불규칙하게 만들어질 수 있으니, 이 점 참고하세요.

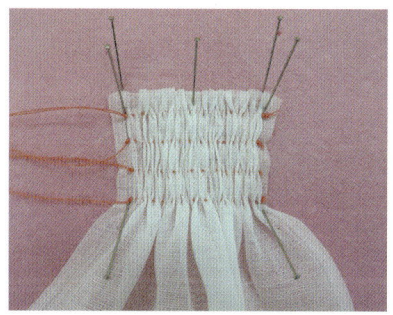

5. 주름을 잡아 원단을 4cm 길이로 줄인 다음 매듭을 짓습니다. 이때 우드락이나 스티로폼 등을 이용해 핀으로 고정시키면 작업하기가 수월합니다.

6. 스모킹 자수를 놓습니다.(60쪽 스모킹 자수 참조.)

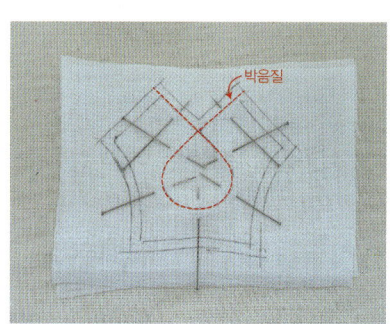

7. 상체의 겉감과 안감을 겉면끼리 마주 대고 뒤중심과 목선을 박음질합니다.

8. 시접을 남기고 천을 자릅니다.

9. 뒤집어서 다려주세요.

― How to make ―

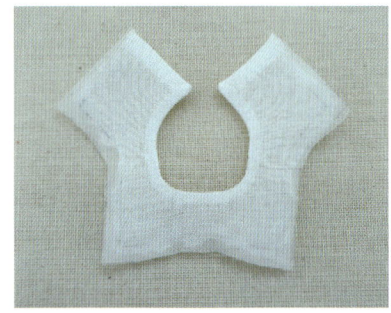
10. 박음질한 부분을 제외하고, 올풀림 방지액을 발라주세요.

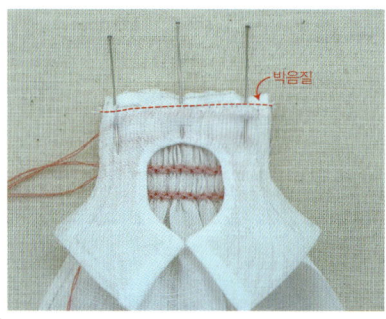
11. 스모킹 기법으로 주름을 잡은 앞판과 상체 앞판을 겉면끼리 마주 대고 박음질합니다.

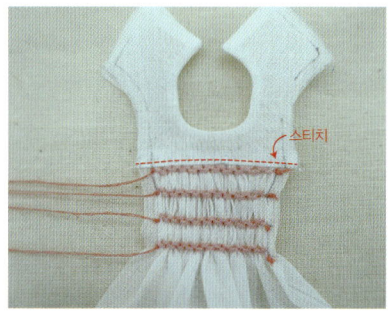
12. 시접을 상체 쪽으로 접은 다음 상체 쪽 봉제선을 따라 스티치를 넣습니다.

13. 홈질해놓은 실은 제거하세요. 오른쪽 매듭을 잘라낸 후 왼쪽 실을 잡아당기면 쉽게 홈질한 실이 제거됩니다.

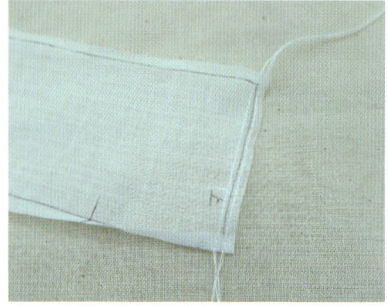
14. 스커트 뒤판 허리 부분을 2줄로 홈질합니다.

15. 홈질한 위, 아래 실 2줄을 잡아당겨 주름을 만듭니다.

16. 뒤판 상체와 주름을 잡아 놓은 스커트를 겉면끼리 마주 대고 박음질합니다.

17. 앞판과 마찬가지로, 뒤판의 봉제해놓은 시접을 상체 쪽으로 접어 스티치를 넣습니다.

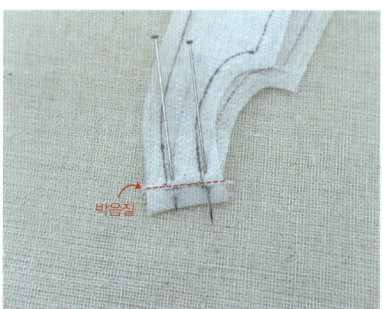
18. 옆판 앞부분과 뒷부분을 겉면끼리 마주 댄 후 어깨선을 박음질합니다.

How to make

19. 시접을 갈라 다림질해주세요.

20. 어깨를 연결한 옆판과 원피스 부분 옆선을 맞대고 박음질합니다.

21. 시접을 바깥쪽으로 접어 스티치를 넣어주세요.

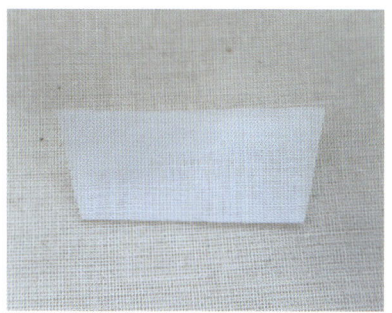

22. 커프스를 반으로 접어 다림질합니다.

23. 소매 부리를 2줄로 홈질한 다음 위, 아래 실 2줄을 잡아당겨 주름을 만듭니다.

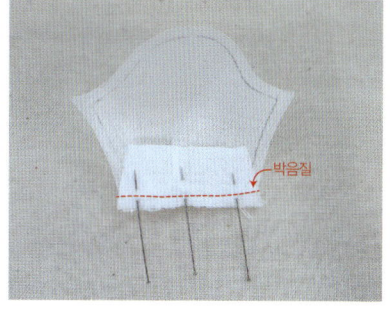

24. 커프스 부분의 넓은 면과 소매 부리를 겉면끼리 마주 대고 박음질합니다.

25. 시접을 커프스 쪽으로 접어 스티치를 넣습니다.

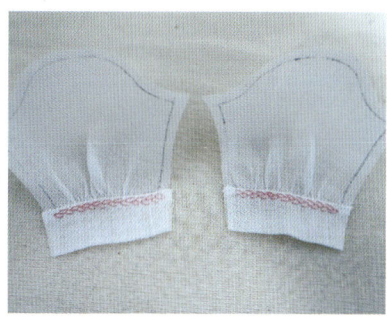

26. 커프스 부분에 페더 스티치를 넣습니다.

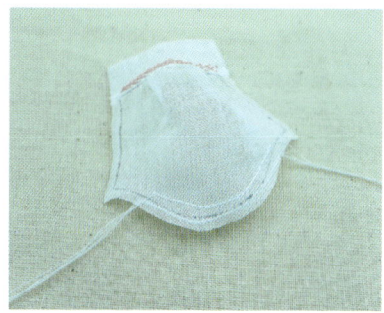

27. 소매산을 2줄로 홈질합니다.

How to make

28. 위, 아래 실 2줄을 잡아당겨 주름을 만들어주세요.

29. 소매와 본판 겉면끼리 마주 댄 다음 암홀을 박음질합니다.

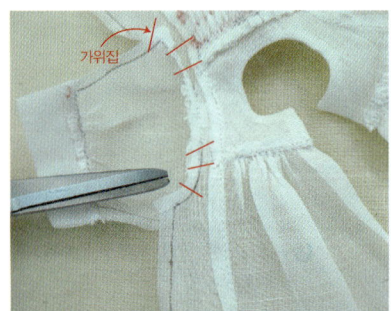

30. 암홀 곡선 부분에 가위집을 넣습니다.

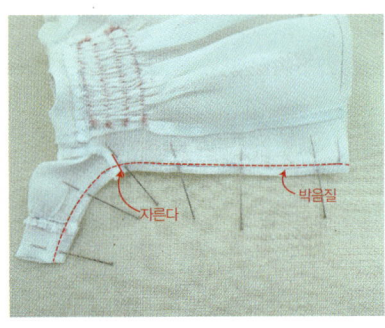

31. 어깨선을 기준으로 반으로 접어 옆선을 박음질합니다.

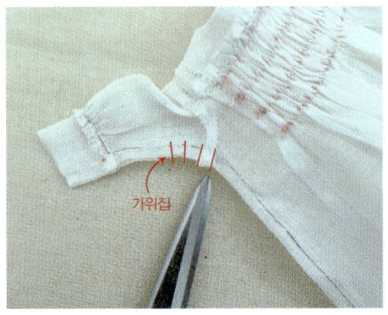

32. 소매와 암홀이 연결된 부분과 소매 곡선 부분에 가위집을 넣습니다.

33. 옆선 시접을 반으로 갈라 다림질합니다.

34. 옆선을 연결한 다음 밑단 길이를 정돈해주세요.

35. 스커트단 끝부분에 레이스를 대고 박음질합니다. 밑단을 접어 박고 레이스를 다는 것이 일반적이지만, 원단이 얇을 경우 밑단에 올풀림 방지액만 바르고 레이스를 달아주면, 스커트 밑단이 가볍고 자연스러워 보여요.

36. 스커트 밑단에 레이스를 단 모습.

How to make

37. 레이스를 달고 나면, 다리미로 잘 다려주세요.

38. 뒤중심의 겉면끼리 마주 대고 표시된 부분까지만 박음질해주세요.

39. 박음질한 시접을 반으로 갈라 다림질합니다.

40. 옆선과 목선은 페더 스티치 등으로 장식합니다.

41. 완성!

스모킹 기법

*

스모킹 자수는 고무줄이 만들어지기 전에 의류에 탄성을 줄 용도로 고안된 핸드 스티치 자수 기술입니다. 일반적으로 실크리넨과 같은 고운 리넨이나 면을 사용해 자수를 놓습니다. 16세기에 만들어진 기법으로 여전히 사랑받는 스모킹 자수. 한 번 제대로 익혀두시면 두고두고 사용하실 거예요.

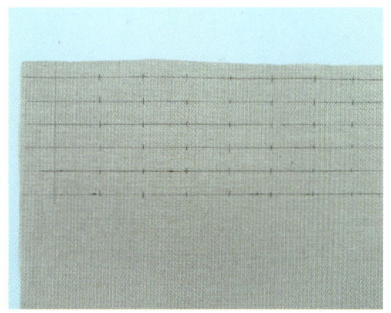

1. 원단 겉면에 수성펜 혹은 다리미펜으로 보조선을 그어주세요.

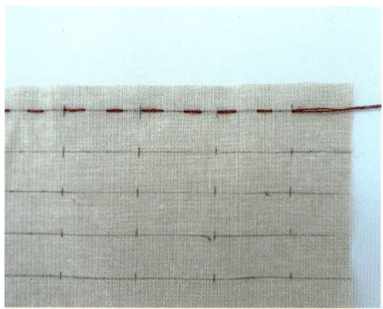

2. 일정한 바늘 땀수와 크기로 홈질합니다.

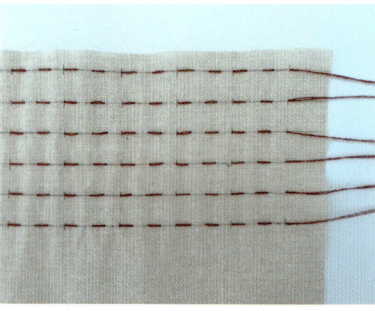

3. 보조선을 같은 간격으로 홈질하세요. 위아래 간격이 같아야 주름이 일정합니다.

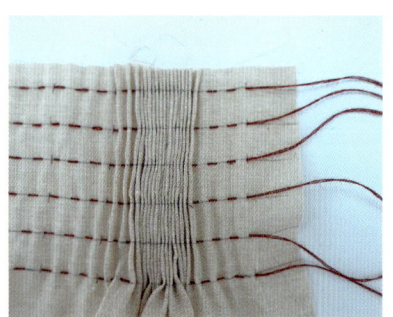

4. 실을 집아당겨 주름을 만드세요.

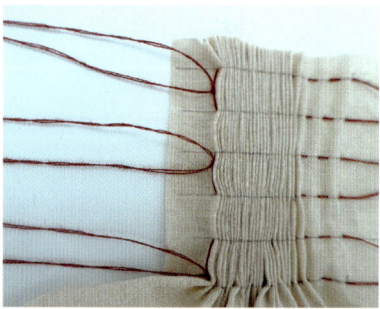

5. 사진과 같이 2줄씩 묶거나, 매듭을 짓습니다.

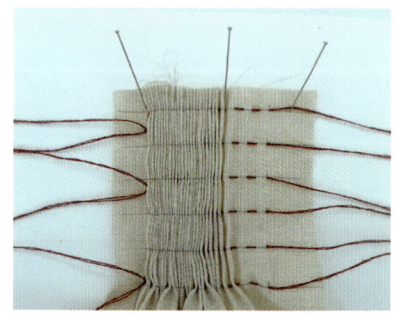

6. 우드락이나 스티로폼 등을 뒤에 받치고 시침핀을 꽂아 고정시키면 작업하기가 수월합니다.

— How to make —

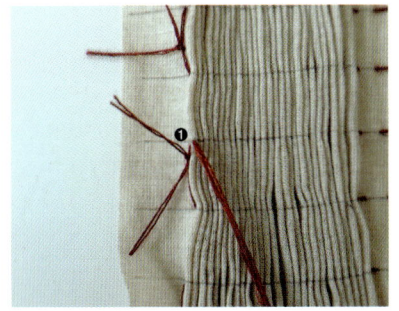

7. 사진의 1번 주름 중간에 바늘을 꽂습니다.

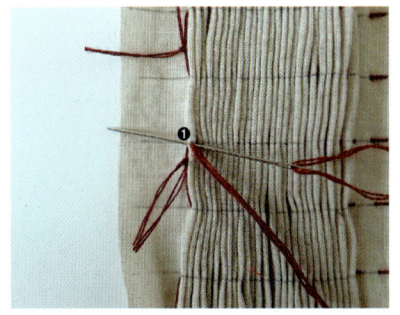

8. 1번 주름 뒤에서 앞쪽 방향으로 바늘을 통과시킵니다.

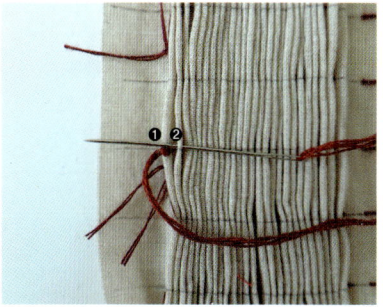

9. 실을 밑에 두고, 2번 주름 뒤에서 앞쪽 방향으로 바늘을 통과시킵니다.

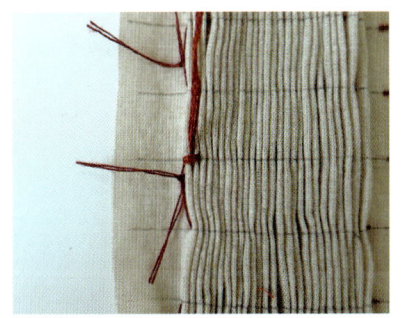

10. 케이블 스티치가 놓인 모습.

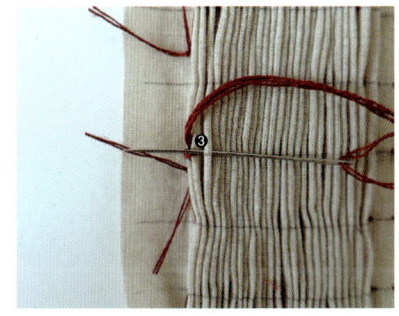

11. 실을 위에 두고 3번 주름 뒤에서 앞쪽으로 바늘을 통과시킵니다.

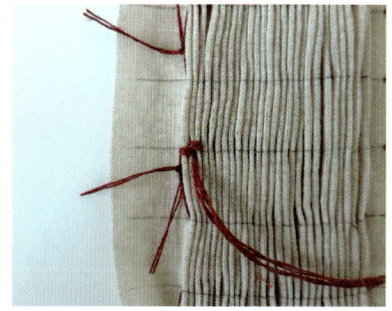

12. 위쪽으로 케이블 스티치가 놓인 모습.

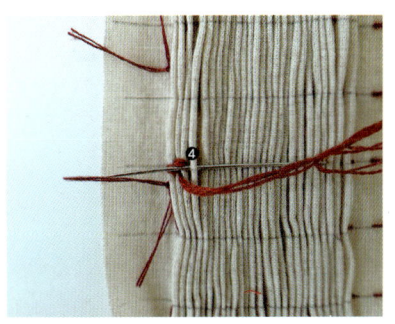

13. 실을 아래에 두고 4번 주름 뒤에서 앞쪽으로 통과시킵니다.

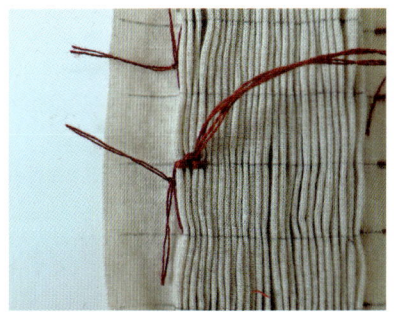

14. 아래로 케이블 스티치가 놓인 모습.

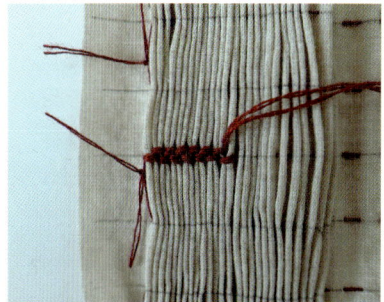

15. 같은 작업을 반복하여, 기본적인 케이블 스티치를 완성합니다.

블라우스

*

플라워 패턴의 뒤여밈 블라우스. 짧게 디자인한 상의 길이가 데님 팬츠와 잘 어울립니다.
목선과 소매, 허리 라인의 디테일에 신경 쓰시면 완성도가 높아집니다.

| Ready to do |

/ L 사이즈
60수 무늬 원단 : 가로 22cm × 세로 15cm
망사 원단 : 가로 10cm × 세로 10cm
레이스 : 허리 부분 20cm, 상체 10cm씩 2줄
똑딱단추 : 2쌍

/ S 사이즈
60수 무늬 원단 : 가로 17cm × 세로 19cm
망사 원단 : 가로 10cm × 세로 9cm
레이스 : 허리 부분 20cm, 상체 10cm씩 2줄
똑딱단추 : 2쌍

┤ How to make ├

1. 앞중심 패턴보다 넉넉하게 자른 원단의 겉면에 7mm 간격으로 선을 4줄 그립니다. 수성펜 혹은 다리미펜을 사용하세요.

2. 그어준 선을 접은 후 1mm 간격으로 박음질해서 핀턱을 잡습니다.

3. 4줄 모두 1mm 간격으로 박음질한 다음 2줄은 왼쪽, 나머지 2줄은 오른쪽으로 뉘여서 다려주세요.

4. 앞중심 패턴을 놓고 그린 다음 재단합니다.

5. 나머지 패턴들도 원단에 놓고 재단한 다음 사방으로 올풀림 방지액을 발라주세요.

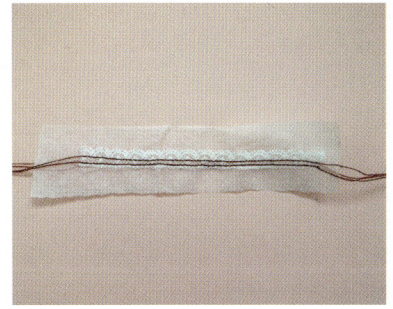

6. 레이스에 2줄로 홈질합니다. 재봉틀로 박음질할 때는 바늘땀을 크게 해서 박아주세요. 이때 밑에 화선지를 대고 재봉틀로 박음질하면 레이스가 말려들어 가는 것을 방지할 수 있습니다.

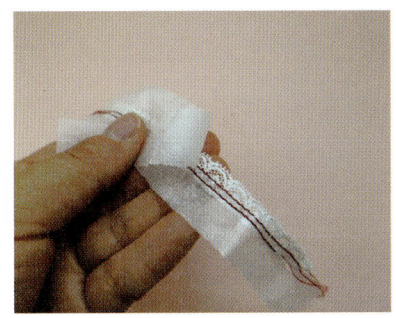

7. 화선지를 제거합니다.

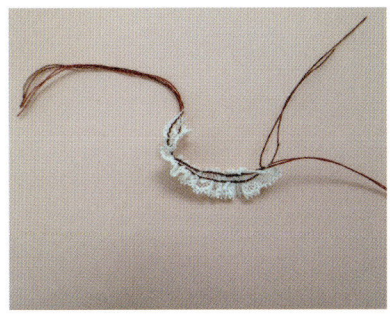

8. 홈질한 실 위, 아래 2줄을 잡아당겨 주름을 만듭니다.

9. 앞중심 겉면에 레이스를 마주 대고 박음질합니다. 이때 레이스의 주름양을 조절하여 박음질하고, 남은 실을 잘라냅니다.

─ How to make ─

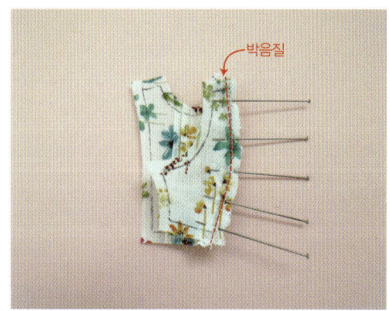

10. 앞중심과 옆판 겉면끼리 마주 대고 박음질합니다.

11. 사진처럼 레이스를 박음질한 옆선에 스티치를 넣습니다.

12. 나머지 한쪽도 레이스와 옆판을 달아 박음질하고, 스티치를 넣습니다.

13. 앞판과 뒤판을 겉면끼리 마주 댄 다음 어깨를 박음질합니다.

14. 어깨 시접을 갈라 다림질합니다.

15. 상체 겉면에 망사를 한 겹 대고 뒤중심, 목선을 박음질합니다.

16. 봉제선에서 1cm 여유를 두고 망사를 자릅니다.

17. 망사를 안쪽으로 접어 다림질합니다. 이때 다리미 온도를 낮추고 다려야 망사가 녹지 않아요.

18. 뒤중심, 목선을 따라 스티치를 넣습니다.

How to make

19. 소매산과 소매 부리에 2줄로 홈질합니다.

20. 소매 부리 실 위, 아래 2줄을 잡아당겨 주름을 만듭니다.

21. 재단한 커프스 2장을 준비합니다.

22. 커프스 2장을 겉면끼리 마주 대고 박음질합니다.

23. 시접을 안감 쪽으로 접어 다립니다.

24. 봉제선을 기준으로 반으로 접은 다음 한 번 더 다림질합니다.

25. 소매와 커프스를 겉면끼리 마주 대고 박음질합니다.

26. 커프스 나머지 부분을 반으로 접은 후 커프스 바로 윗부분에 바느질선이 숨겨지도록 스티치를 넣습니다.

27. 소매 뒤쪽에서 본 커프스 모습.

— How to make —

28. 소매산에 홈질한 실 위, 아래 2줄을 잡아당겨 주름을 만듭니다.

29. 몸판과 소매산을 겉면끼리 마주 대고, 암홀을 따라 박음질합니다.

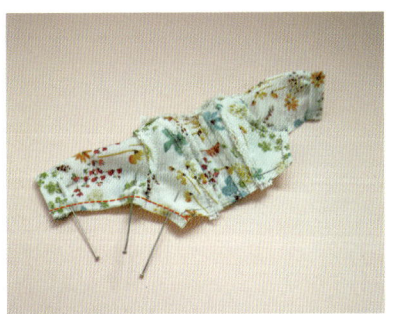

30. 어깨선을 기준으로 반으로 접어, 소매와 옆선을 박음질합니다.

31. 암홀과 옆선이 만나는 부분과 소매 시접 부분에 가위집을 줍니다.

32. 뒤집은 다음 소매를 접어 다립니다.

33. 옆선 시접을 양쪽으로 갈라서 다림질합니다.

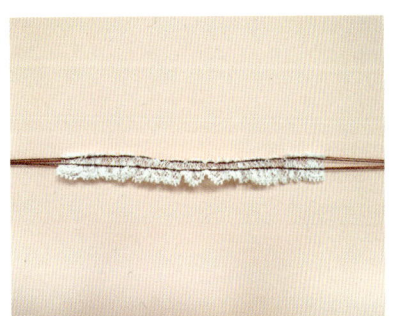

34. 6, 7번을 참고하여 허릿단에 달 레이스에 주름을 만드세요.

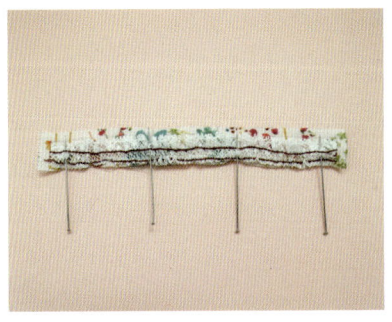

35. 벨트 겉감 아랫부분에 주름을 잡아준 레이스를 달아주세요. 레이스를 벨트 양옆 시접 부분 안쪽에 달아줍니다.

36. 레이스를 단 시접을 벨트 안쪽으로 꺾은 후 스티치를 넣어줍니다.

— How to make —

37. 상체 겉면과 레이스를 단 벨트 겉면을 마주 대고 박음질합니다.

38. 나머지 벨트감 겉면과 상체 안쪽을 마주 대고 허리부분을 박음질합니다.

39. 벨트 옆선을 박음질한 후 모서리 부분 시접을 사선으로 자릅니다.

40. 벨트 부분을 잘 다려주세요.

41. 안쪽에서도 벨트 아랫단 시접을 접어서 다려주세요.

42. 접은 시접을 감침질로 마무리합니다.

43. 벨트감 위쪽에 스티치를 넣습니다.

44. 뒤여밈으로 똑딱단추를 달면, 완성!

데님 스커트

✽

무릎 위로 올라오는 미니 길이의 데님 스커트. A자로 살짝 퍼지는 디자인이 한층 발랄해보입니다. 핫픽스와 스티치가 데님 특유의 느낌을 물씬 풍기네요.

──────┤ Ready to do ├──────

/ L 사이즈
- 40수 청지 : 가로 12cm × 세로 20cm
- 60수 아사 원단 : 가로 12cm × 세로 3cm
- 망사 원단 : 가로 8cm × 세로 4cm
- 핫픽스 : 3mm 5개, 2mm 8개
- 똑딱단추 : 3쌍

/ S 사이즈
- 40수 청지 : 가로 11cm × 세로 20cm
- 60수 아사 원단 : 가로 10cm × 세로 4cm
- 망사 원단 : 가로 8cm × 세로 4cm
- 핫픽스 : 2mm 13개
- 똑딱단추 : 3쌍

┤ How to make ├

1. 원단에 패턴을 놓고 재단한 다음 사방으로 올풀림 방지액을 발라주세요.

2. 스커트 앞판 겉과 겉끼리 마주 대고 박음질합니다.

3. 겉면에서 봤을 때 시접을 왼쪽 방향으로 접어 다림질합니다.

4. 박음질한 선을 기준으로 0.5cm 간격으로 스티치를 넣습니다.

5. 스커트 겉감과 주머니 안감을 겉면끼리 마주 대고 박음질합니다.

6. 곡선 부분에 가위집을 넣습니다.

7. 주머니감을 스커트 안쪽으로 접어 다립니다.

8. 주머니 부분에 2줄로 스티치를 넣습니다.

9. 청지로 재단한 주머니감을 스커트와 연결한 주머니감에 마주 대고 박음질합니다.

How to make

10. 같은 방법으로 반대편 주머니도 달아주세요.

11. 주머니를 단 앞판과 뒤판을 겉면끼리 마주 대고, 스커트 옆선을 박음질합니다.

12. 박음질한 옆선 시접을 뒤중심 쪽으로 접어 다림질합니다.

13. 옆선에 2줄로 스티치를 넣습니다.

14. 밑단과 뒤중심을 시접분만큼 접어 다립니다.

15. 뒤중심은 1줄로, 밑단은 2줄로 스티치를 넣습니다.

― How to make ―

16. 스티치를 넣은 부분을 다려서 정리합니다.

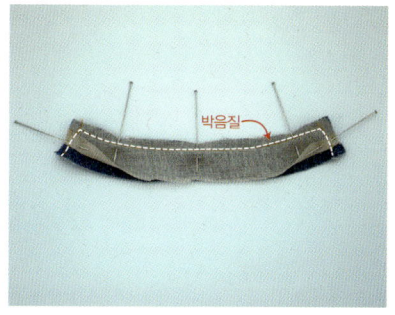

17. 허리 벨트 겉감과 안감을 겉면끼리 마주 대고 박음질합니다. 이때 안감의 밑단 시접 부분을 사진과 같이 접어 박음질하세요.

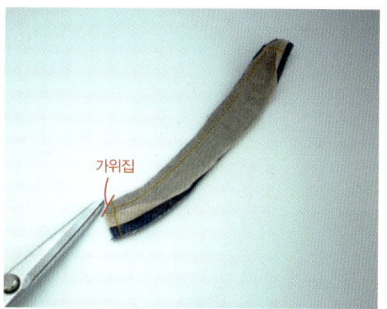

18. 모서리 부분과 곡선 부분에 가위집을 줍니다.

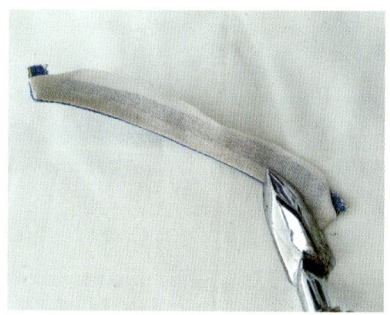

19. 박음질한 허리 벨트를 뒤집어 다림질합니다.

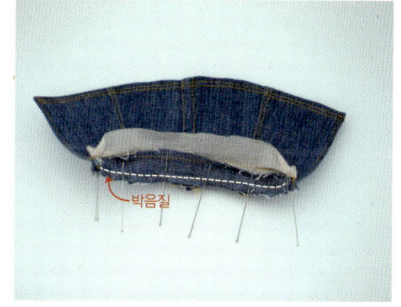

20. 스커트 겉면과 벨트 겉면을 마주 대고 박음질합니다.

21. 모서리 부분과 박음질한 벨트 부분에 가위집을 넣습니다.

How to make

22. 허리 벨트 안감 시접을 접어 사진과 같이 고정시킨 다음 감침질합니다.

23. 벨트의 사방을 둘러가며 스티치를 넣습니다.

24. 주머니감 겉면과 망사를 겹쳐 박음질하세요.

25. 시접을 짧게 자릅니다.

26. 주머니감을 뒤집어 다림질합니다. 이때 다리미 온도를 낮춰야 망사가 녹지 않아요.

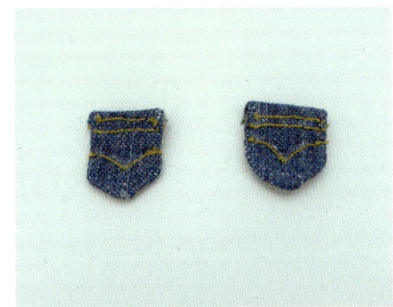

27. 주머니감 윗부분을 접어 박음질한 다음 사진처럼 스티치를 넣습니다.

How to make

28. 패턴에 표시된 위치에 주머니를 달아주세요.

29. 사포로 문질러 데님 스커트의 빈티지한 느낌을 냅니다.

30. 나머지 반대편도 같은 방법으로 사포로 문질러주세요.

31. 핫픽스나 단추로 장식합니다.

32. 뒤여밈으로 똑딱단추를 달아서 마무리합니다.

33. 완성!

스웨이드 원피스

✽

평범한 디자인이지만 소재를 달리해서 변화를 줘 본 스웨이드 원피스.
가죽 어깨끈과 호주머니, 아래로 내려갈수록 살짝 퍼지는 밑단이 귀엽습니다.
블라우스, 티셔츠 등과 매치하면 소녀다운 발랄함을 느낄 수 있어요.

―| Ready to do |―

/ L 사이즈

40수 스웨이드 : 가로 27cm × 세로 12cm
망사 원단 : 가로 6cm × 세로 3cm
가죽끈 : 5.5cm 2개 (폭 5mm)
4mm 단추 : 2개
후크 : 한쌍

/ S 사이즈

40수 스웨이드 : 가로 25cm × 세로 10cm
망사 원단 : 가로 6cm × 세로 3cm
가죽끈 : 3.8cm 2개 (폭 3mm)
3mm 단추 : 2개
후크 : 한쌍

| How to make |

1. 준비한 스웨이드 원단에 패턴을 놓고 그린 다음 재단합니다. 스웨이드 원단은 올이 풀리지 않으므로, 따로 올풀림 방지액이나 오버로크 처리를 하지 않아요.

2. 앞판의 겉과 겉끼리 마주 대고 박음질합니다.

3. 박음질한 앞판 시접을 양쪽으로 갈라 다림질합니다.

4. 다림질한 앞판 박음질선을 가운데 두고 양옆으로 스티치를 넣습니다.

5. 앞판과 뒤판을 겉면끼리 마주 대고 옆선을 박음질합니다.

6. 앞판과 마찬가지로, 옆선 시접도 양쪽으로 갈라 다림질합니다.

7. 박음질한 옆선을 가운데 두고 양옆으로 스티치를 넣습니다.

8. 밑단 시접을 접어 다림질하세요.

9. 다림질한 밑단을 박음질합니다.

How to make

10. 어깨끈을 사진과 같이 핀으로 고정합니다.

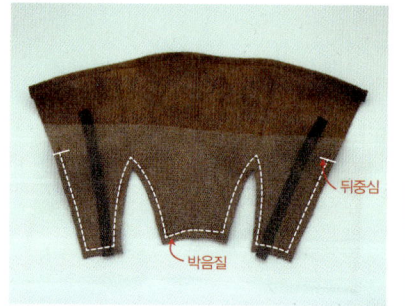

11. 앞판 겉면에 망사를 한 겹 덧댄 후 뒤중심 표시선부터 암홀, 목선을 박음질합니다.

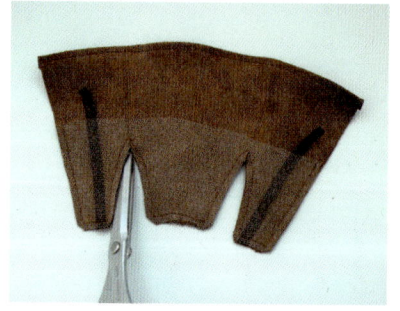

12. 옆선 암홀 부분에 가위집을 줍니다.

13. 시접이 뭉치는 것을 방지하기 위해 모서리 부분을 사선으로 잘라주세요.

14. 뒤중심 트임 부분에 가위집을 줍니다.

15. 망사를 뒤집습니다.

16. 다리미로 다려가며 모양을 잡아주세요.

17. 뒤중심 트임부터 목선, 암홀을 따라 스티치를 넣어주세요.

18. 주머니감 윗부분을 시접만큼 접어 박음질합니다.

— How to make —

19. 주머니 겉감에 망사를 한 겹 덧대어 사진처럼 박음질합니다.

20. 시접을 최소한만 남기고 자릅니다.

21. 망사를 뒤집어 모양을 잡아주세요.

22. 원피스 앞판 패턴에 표시된 위치에 주머니를 고정시킵니다.

23. 뒤중심을 박음질합니다.

24. 어깨끈을 사진과 같이 V자 모양으로 자릅니다.

25. 단추를 달아 앞판에 고정시킵니다.

26. 후크로 여밈하세요.

27. 완성!

가을 원피스

✽

가을 원피스는 앙증맞은 둥근 칼라와 허리벨트,
소매와 원피스 밑단의 정갈한 레이스가 포인트인 기본 원피스입니다.

―――――| **Ready to do** |―――――

/ L 사이즈

60수 리버티 원단 : 가로 43cm × 세로 20cm
60수 아사 원단 : 가로 12cm × 세로 18cm
소매 레이스 : 2cm 폭 10cm 길이 2개
밑단 레이스 : 1.5cm 폭 40cm
허리벨트 : 3mm 폭 13cm
6mm버클 : 1개
똑딱단추 : 2쌍

/ S 사이즈

60수 리버티 원단 : 가로 37cm × 세로 17cm
60수 아사 원단 : 가로 12cm × 세로 14cm
소매 레이스 : 1.5cm 폭 8cm 길이 2개
밑단 레이스 : 1.5cm 폭 37cm
허리벨트 : 3mm 폭 12cm
6mm버클 : 1개
똑딱단추 : 2쌍

┤ How to make ├

1. 준비한 원단에 패턴을 놓고 재단한 다음 칼라를 제외한 원단 사방으로 올풀림 방지액을 발라주세요.

2. 상체 재단 천은 다트 부분을 반으로 접어 박음질합니다. 허리선부터 시작해 박아주세요. 끝부분은 되돌아박기로 마무리 짓지 말고, 실을 길게 뺍니다.

3. 박음질한 다트를 앞중심 쪽으로 접은 다음 다림질합니다.

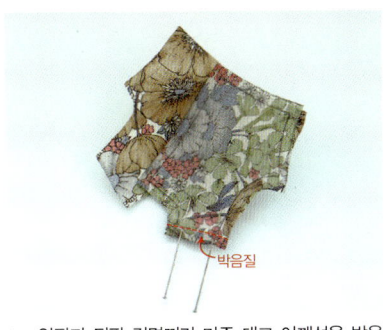

4. 앞판과 뒤판 겉면끼리 마주 대고 어깨선을 박음질합니다.

5. 연결한 어깨선 시접을 양쪽으로 갈라 다림질합니다.

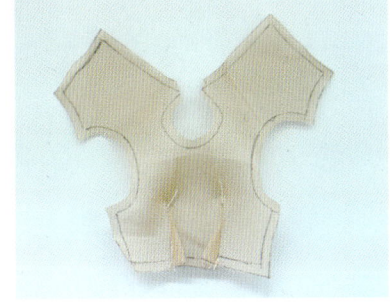

6. 같은 방법으로 안감 다트를 박음질하세요.

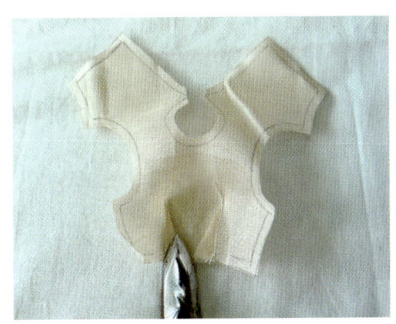

7. 박음질한 다트를 앞중심 쪽으로 접어 다림질합니다.

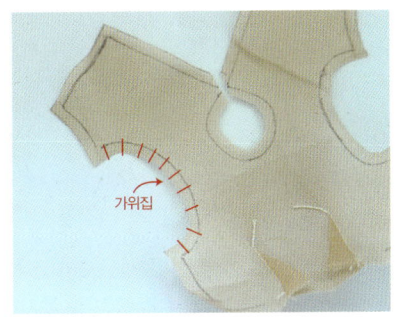

8. 암홀 곡선을 따라 가위집을 넣습니다.

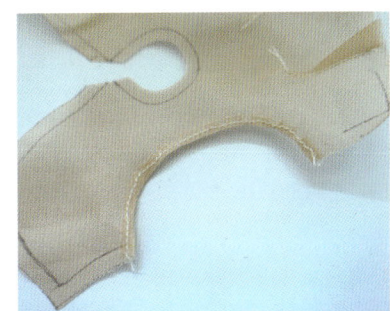

9. 가위집을 준 암홀을 시접분만큼 접어 박음질합니다.

― How to make ―

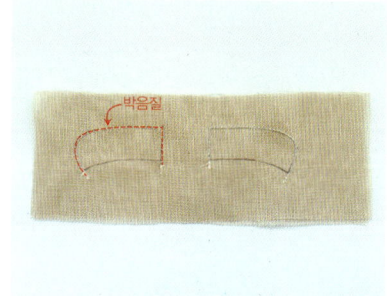

10. 칼라를 만들 원단에 패턴을 대고 그린 다음 안감을 대고, 칼라 바깥 라인을 따라 박음질합니다.

11. 시접분만 남기고 나머지 원단을 자릅니다.

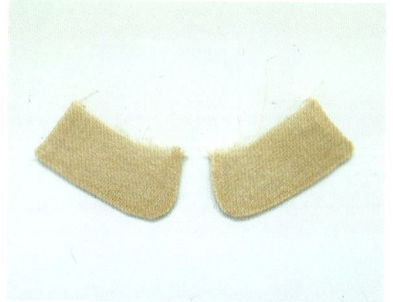

12. 칼라를 뒤집고, 다려서 모양을 잡습니다.

13. 겉감의 목선을 따라 가위집을 넣습니다.

14. 칼라를 홈질로 고정시킵니다. 이때 중심선을 잘 맞춰 고정하세요.

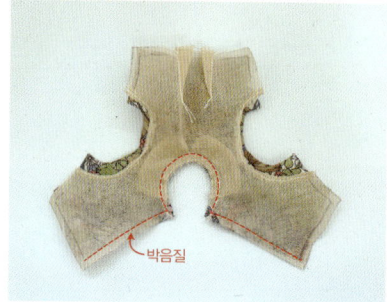

15. 겉감과 안감을 겉면끼리 마주 대고 뒤중심과 목선을 박음질하세요.

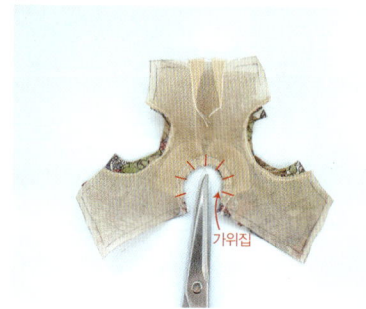

16. 목선에 가위집을 넣습니다. 가위집을 줘야 목선이 깨끗하게 잘 뒤집혀요.

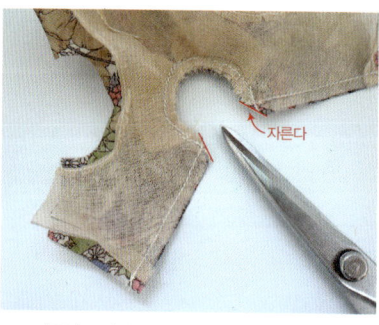

17. 뒤중심 모서리 부분을 시접이 뭉치지 않게 사선으로 자릅니다.

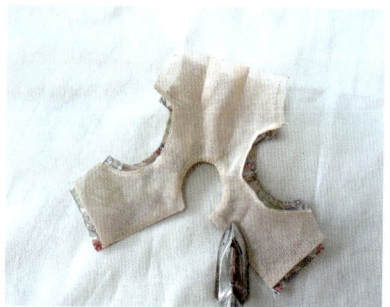

18. 박음질한 상체를 뒤집은 다음 다려서 모양을 잡습니다.

How to make

19. 소매에 연결할 폭 2cm, 길이 9cm 길이의 레이스를 2장 준비합니다. 뒤에 화선지를 대고 2줄로 홈질하세요. 레이스처럼 얇은 소재는 화선지를 대고 재봉하면 미싱 안쪽으로 말려들어가지 않아요.

20. 화선지를 제거합니다.

21. 위, 아래 실 2줄을 잡아당겨 주름을 만듭니다.

22. 소매 부리에 레이스를 고정해 박음질합니다.

23. 시접을 위로 접고 스티치를 넣습니다.

24. 소매산에 2줄로 홈질합니다.

25. 소매산 위, 아래 실 2줄을 잡아당겨 주름을 만듭니다.

26. 암홀을 따라 박음질합니다.

27. 암홀 시접을 상체 쪽으로 접고 스티치를 넣습니다.

How to make

28. 어깨를 중심으로 반으로 접어 옆선을 박음질하세요. 재봉틀을 이용할 때는 소매 레이스 뒷부분에 화선지를 받쳐서 재봉합니다.

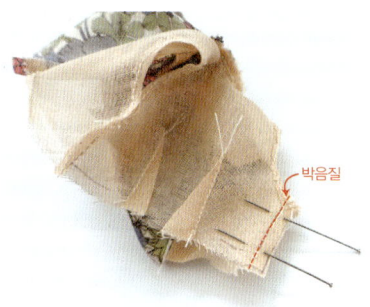

29. 안감 옆선을 박음질합니다.

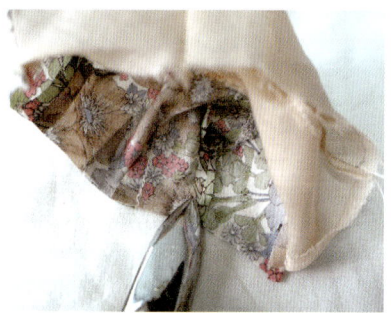

30. 박음질한 옆선 시접을 양옆으로 갈라 다림질합니다.

31. 안감 옆선 시접 역시 양옆으로 갈라 다림질합니다.

32. 스커트 허리 부분을 2줄로 홈질하세요.

33. 밑단 부분을 시접분만큼 접어 박음질합니다.

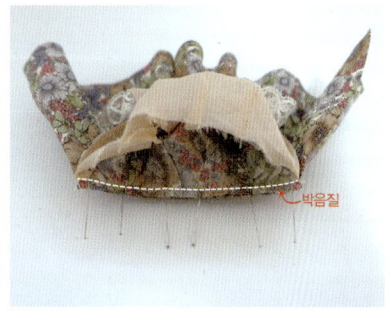

34. 홈질한 스커트 부분의 실 위아래를 잡아당겨 주름을 만들고, 상체 겉감과 마주 대고 박음질합니다.

35. 밑단에 레이스를 달아주세요.

36. 안감 허리 부분을 시접분만큼 접은 다음 스커트 허리선과 감침질합니다.

How to make

37. 스커트 주름을 다리미로 살짝씩 눌러주세요.

38. 뒤중심을 표시된 부분만큼 박음질합니다.

39. 박음질한 뒤중심 시접을 양옆으로 갈라 다려주세요.

40. 똑딱단추를 달아 여밈 부분을 만듭니다.

41. 허리 벨트로 장식하면, 완성!

철릭 원피스

*

편안한 철릭 한복 원피스. 리버티 원단을 사용해 한복보다는 원피스와 좀 더 가까운 느낌으로 만들어보았습니다. 어떤 소재, 어떤 패턴의 원단으로 만드냐에 따라 다양한 느낌을 연출하실 수 있을 듯해요.

┤ **Ready to do** ├

／ S 사이즈
60수 리버티 원단 : 가로 33cm × 세로 20cm
시드비즈 : 2개

┤ How to make ├

1. 준비한 원단에 패턴을 놓고 재단한 다음 사방으로 올풀림 방지액을 발라주세요.

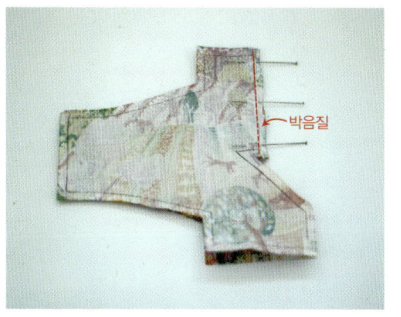

2. 상체의 겉과 겉을 마주 대고 뒤중심을 박음질합니다.

3. 박음질한 뒤중심 시접을 갈라 다림질합니다.

4. 소매 끝단, 앞여밈 양쪽 끝단을 시접분만큼 접어 박음질합니다.

5. 깃을 반으로 접어 다려주세요.

6. 깃 양쪽 끝을 시접분만큼 접어 상체 목선에 깃을 겉면끼리 마주 대고 박음질합니다.

7. 상체와 깃을 연결한 시접을 깃 쪽으로 접어 다립니다.

8. 5번에서처럼 다림질해놓은 선을 따라 깃을 반으로 접은 다음 시접을 한 번 더 접어 감침질합니다.

9. 감침질해서 마무리한 깃을 한 번 더 다려서 모양을 잡아주세요.

― How to make ―

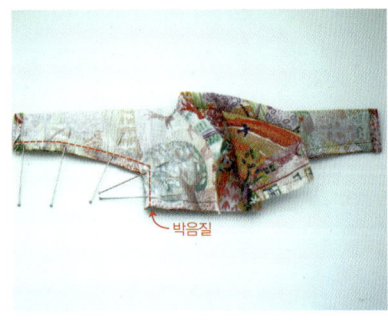

10. 어깨선을 기준으로 반으로 접어 소매와 옆선을 박음질합니다.

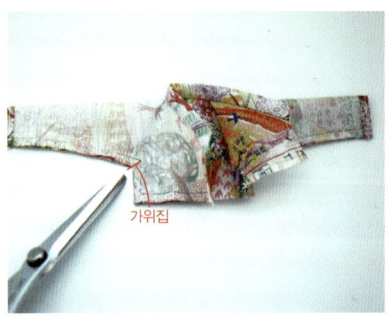

11. 소매와 옆선이 연결된 부분에 가위집을 줍니다.

12. 박음질한 상체를 뒤집어주세요.

13. 옆선 시접을 갈라 다림질합니다.

14. 완성된 상체.

15. 스커트 양 옆선과 끝단을 시접분만큼 접어 박음질합니다.

16. 허리 부분에 2줄로 홈질합니다.

17. 홈질한 실 위, 아래 2줄을 잡아당겨 주름을 만듭니다.

18. 주름을 만든 스커트와 상체 허리 부분을 마주 대고 박음질합니다.

── **How to make** ──

19. 스커트와 상체를 연결한 시접을 상체 쪽으로 접어 상체 쪽 박음질선을 따라 스티치를 넣습니다.

20. 스커트 주름 부분을 다리미로 살짝 눌러주세요.

21. 사진과 같이 패턴에 표시된 부분에 비즈를 답니다.

22. 반대쪽에는 실고리를 만들어주세요.

23. 완성!

허리치마

*

단품으로 혹은 다른 원피스나 레깅스 등과 매치해도 예쁜 허리치마.
돌려 감은 허리춤 리본과 세심한 주름이 치마의 퀄리티를 좌우합니다.

| Ready to do |

／S 사이즈

60수 아사 원단 : 가로 36cm × 세로 15cm

┤ How to make ├

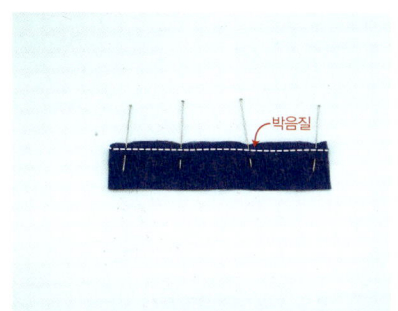

1. 준비한 원단에 패턴을 놓고 재단한 다음 사방으로 올풀림 방지액을 발라주세요.

2. 먼저 허리띠를 만들어보겠습니다. 허리띠 천을 겉면끼리 마주 대고 박음질합니다.

3. 시접을 안감 쪽으로 접어 다림질해주세요.

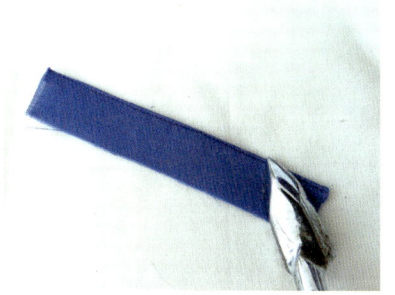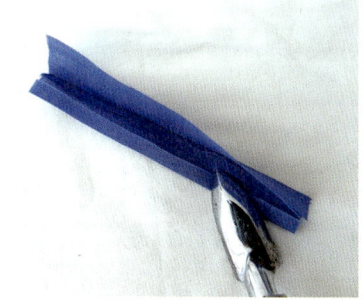

4. 반으로 접어 한 번 더 다림질합니다.

5. 안감 쪽 시접을 접어 다림질합니다.

6. 이제 허리끈을 만들어볼게요. 1.5cm 폭으로 재단한 바이어스 원단을 반으로 접어 7~8mm 폭으로 박음질합니다. 끈 길이는 넉넉하게 길게 해주세요.

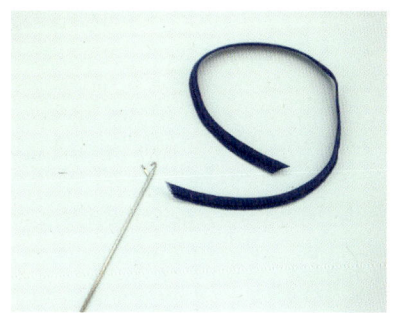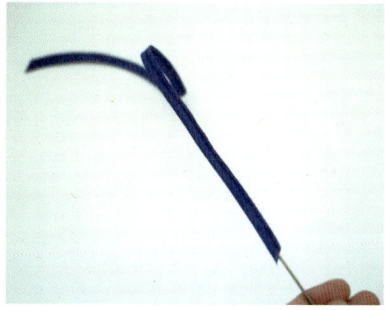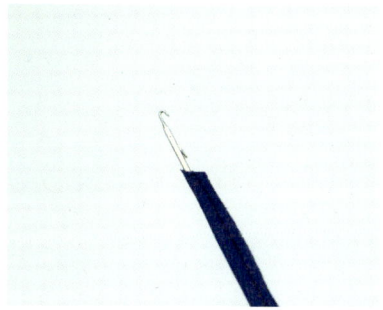

7. 뒤집개를 준비합니다.

8. 박음질한 끈 안쪽으로 뒤집개를 통과시킵니다.

9. 뒤집개를 끝까지 통과시켜주세요. 이때 원단 끝을 사선으로 잘라줘야 쉽게 뒤집힙니다.

How to make

10. 갈고리 부분에 원단 끝을 걸어주세요.

11. 원단을 살살 잡아당겨 뒤집어주세요.

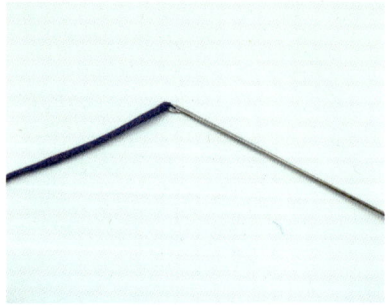

12. 뒤집개로 원단을 뒤집은 모습.

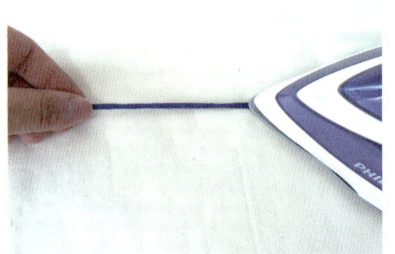

13. 뒤집은 원단을 잡아당기며 다려주세요.

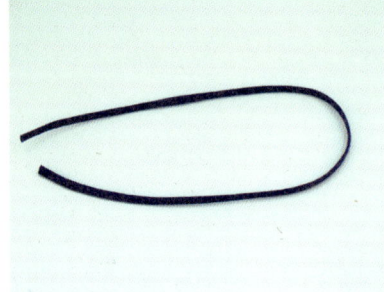

14. 다림질하여 모양을 잡은 허리끈.

15. 허리끈을 사진과 같이 허리띠 안감 겉에 고정시킵니다. 이때 왼쪽은 허리띠 위쪽에 바짝 붙이고, 오른쪽은 시접 바로 위쪽에 바짝 붙여 고정합니다.

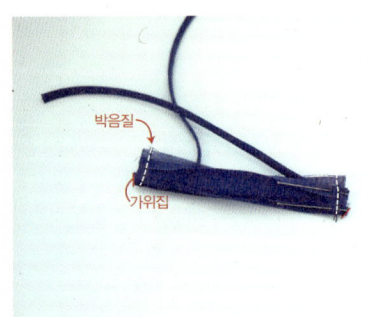

16. 허리띠를 반으로 접어 양쪽 끝을 시접분만큼 박음질합니다. 박음질한 다음 모서리 부분 시접을 사선으로 잘라주어야 뒤집었을 때 시접이 뭉치지 않아요.

17. 박음질한 허리띠를 뒤집습니다.

18. 치마감 양옆 쪽과 아랫단을 시접분만큼 접어 박음질합니다.

― How to make ―

19. 허리 부분에 2줄로 홈질합니다.

20. 홈질한 실 위, 아래 2줄을 잡아당겨 주름을 만듭니다.

21. 스커트와 허리띠를 겉면끼리 마주 대고 박음질합니다.

22. 허리띠 안감 시접을 접어 감침질로 마무리하세요.

23. 허리끈을 왼쪽은 11cm, 오른쪽은 10cm 길이로 자릅니다.

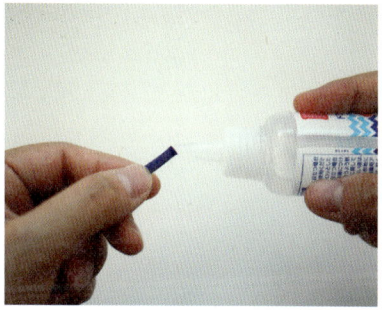

24. 끈 끝 쪽에 올풀림 방지액을 발라주세요.

25. 스커트 주름을 다리미로 살짝 눌러주세요.

26. 완성!

27. 철릭 원피스에 입힌 모습.

코듀로이 코트

✻

아이에게도 만들어주고 싶은 디자인의 코듀로이 코트! 팔 길이를 8부로 했더니 너무나도 깜찍하네요. 미니 원피스처럼 스타일링해도 좋고, 팬츠와 매치해도 좋아요.

| Ready to do |

/ L 사이즈
40수 코듀로이 원단 : 가로 28cm × 세로 22cm
60수 아사 원단 : 가로 24cm × 세로 21cm
후크 : 1쌍
실크리본

┤ How to make ├

1. 준비한 원단에 패턴을 대고 재단합니다.

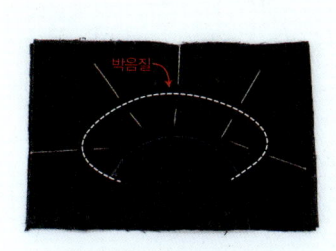

2. 칼라 원단 2장을 겉면끼리 마주 대고, 칼라 바깥 라인을 박음질합니다.

3. 박음질한 다음 시접을 남기고, 나머지 원단을 자릅니다. 이때 칼라의 시접은 좀 더 짧게 잘라내세요.

4. 박음질한 칼라를 뒤집어 다림질합니다.

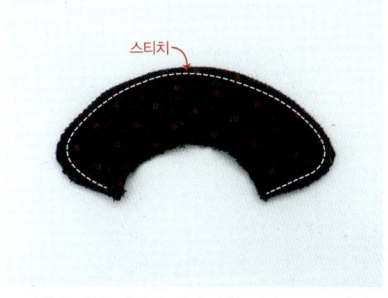

5. 칼라 바깥 라인을 따라 같은 간격으로 스티치를 넣습니다.

6. 코트 앞판과 소매 앞부분을 겉면끼리 마주 대고 암홀을 박음질합니다.

7. 박음질한 암홀의 시접 부분에 가위집을 줍니다.

8. 시접 부분을 반으로 갈라 다림질합니다.

9. 위와 같은 과정을 반복해서 앞판과 뒤판, 소매를 연결합니다.

— How to make —

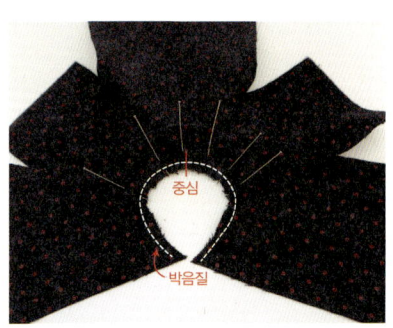 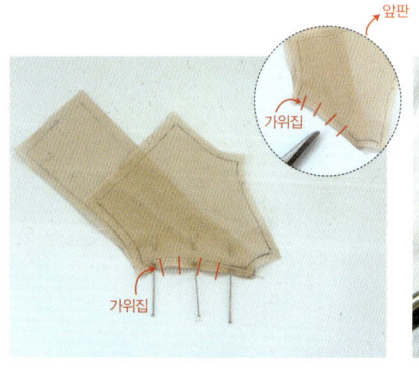 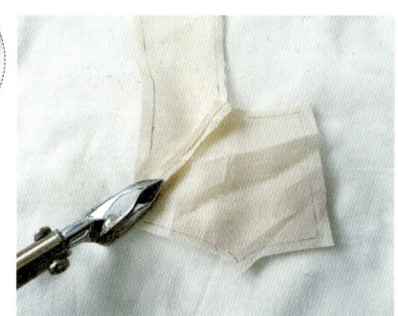

10. 뒤판 중심선과 칼라 중심선을 잘 맞춰 칼라를 고정해주세요.

11. 안감 앞판과 소매 앞쪽 라인을 맞대고 암홀을 박음질합니다. 암홀 부분 시접에 가위집을 주세요.

12. 시접을 갈라 다림질합니다.

13. 겉감과 마찬가지로, 안감도 앞판, 소매, 뒤판을 연결해주세요.

14. 안감과 겉감을 겉면끼리 마주 대고 소매 부리를 박음질합니다.

15. 박음질한 소매 부리 시접을 안감 쪽으로 접어 안감 부분에 상침합니다.

— How to make —

16. 안감과 겉감 앞섶을 겉면끼리 마주 대고 박음질 합니다.

17. 박음질한 앞섶의 시접을 안감 쪽으로 접은 다음 안감 부분에 상침합니다.

18. 상침한 안감 쪽 모습.

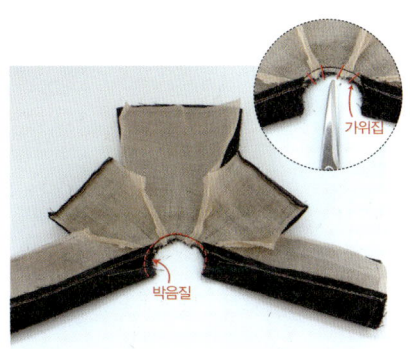  

19. 겉감과 안감을 겉면끼리 마주 대고 목선을 박음 질합니다. 목선을 따라 가위집을 주세요.

20. 겉감은 겉감끼리, 안감은 안감끼리 고정한 다음 옆선과 팔 부분을 박음질합니다.

21. 박음질한 안감 쪽 모습.

— How to make —

22. 박음질한 옆선 시접을 갈라 다림질합니다. 안감 역시 옆선 시접을 갈라 다림질하세요.

23. 옆선을 다린 후 뒤집습니다.

24. 앞섶 부분을 다려주세요.

25. 소매 부분도 정리해서 다립니다. 이때 소매 겉감이 안쪽으로 1cm 들어가도록 정리합니다.

26. 코트 밑단을 뒤집어 아랫단 창구멍을 남기고 박음질합니다.

27. 모서리 부분을 사선으로 잘라 시접이 뭉치지 않게 합니다.

— How to make —

28. 창구멍으로 코트를 뒤집습니다.

29. 창구멍 시접을 접어 다림질합니다.

30. 감침질로 창구멍을 막아주세요.

31. 실크 리본으로 리본 2개를 만듭니다. 끝부분에는 올풀림 방지액을 발라 올이 풀리지 않게 고정합니다. 앞섶에 리본을 고정합니다. 리본 대신 단추를 달아도 좋아요.

32. 코트 왼쪽에는 후크를, 오른쪽에는 실로 고리를 만들어 여밈을 마무리합니다.

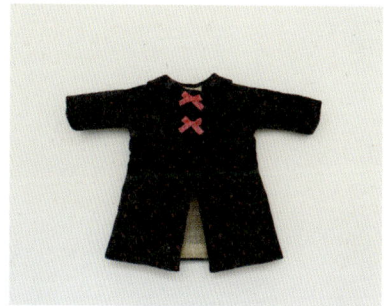

33. 완성!

핑크 점프수트

고급스러운 러블리 핑크 실크 원단으로 점프수트를 만들어보았습니다.
당장 파티나 클럽에 가도 손색없는 스타일리시한 디자인!
시가렛 팬츠처럼 좁아지는 밑단이 세련미를, 허리 리본이 러블리함을 더합니다.

| Ready to do |

/ L 사이즈

수직실크 : 가로 23cm × 세로 19cm

60수 아사 원단 : 가로 13cm × 세로 5cm

똑딱단추 : 2쌍

┤ How to make ├

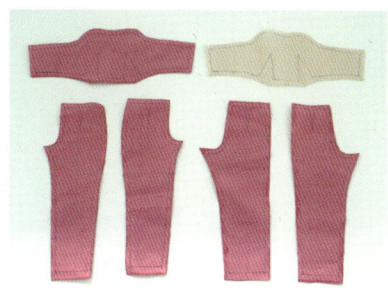

1. 원단에 패턴을 놓고 재단한 다음 사방으로 올풀림 방지액을 발라줍니다.

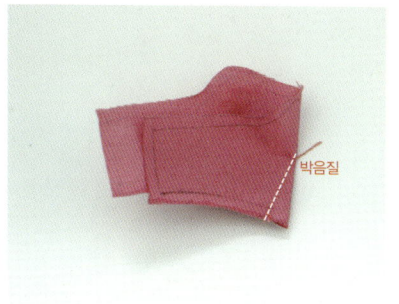

2. 상체 다트를 박음질합니다. 이때 허리선부터 시작해서 재봉해주세요. 끝부분은 되돌아박기로 마무리 짓지 말고 실을 길게 빼주세요.

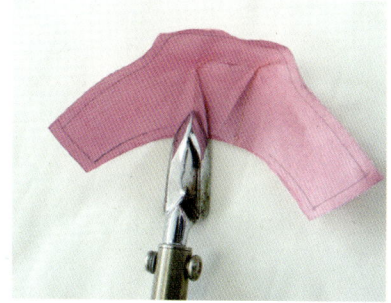

3. 양쪽 모두 재봉 후 시접을 앞중심 쪽으로 꺾은 후 다림질합니다.

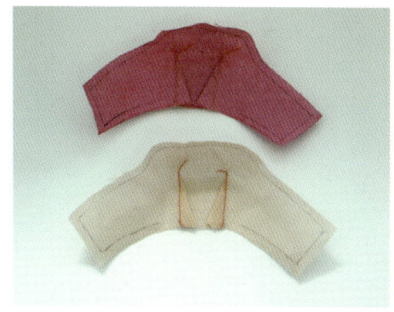

4. 안감도 겉감과 같은 방법으로 박음질한 다음 다립니다.

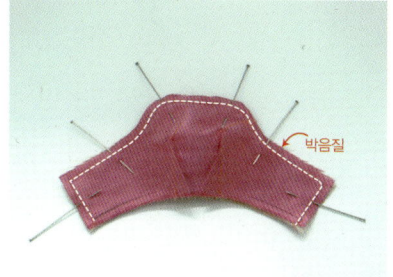

5. 겉감과 안감을 겉면끼리 마주 대고 뒤중심, 목선을 박음질합니다.

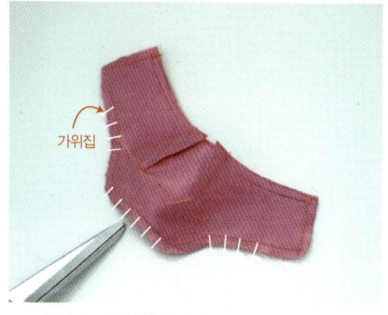

6. 목선에 가위집을 줍니다.

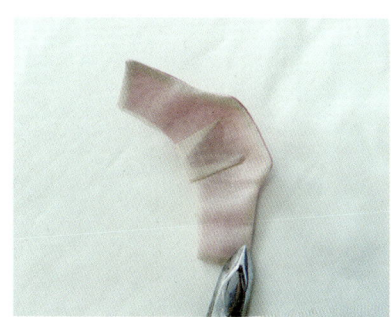

7. 박음질한 상체를 뒤집은 다음 다림질합니다.

8. 바지 다트를 접어 박음질합니다. 상체와 마찬가지로, 허리부터 다트 끝 방향으로 박음질해 끝부분은 되돌아박기로 마무리 짓지 말고 실을 길게 빼주세요.

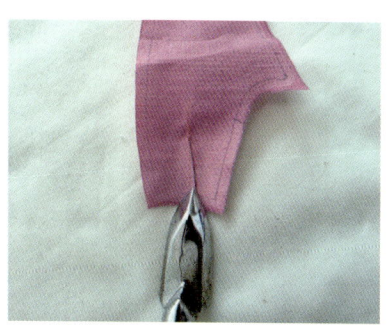

9. 다트 시접을 앞중심선 쪽으로 접어 다림질합니다. 나머지 바지 다트도 같은 방법으로 박음질하여 다립니다.

― How to make ―

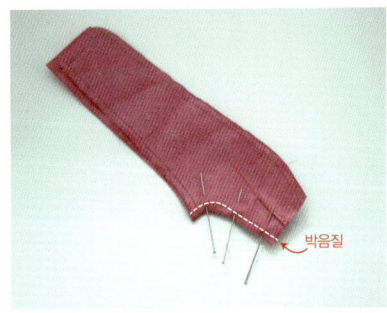

10. 바지 앞판을 겉면끼리 마주 대고 앞중심을 박음질합니다.

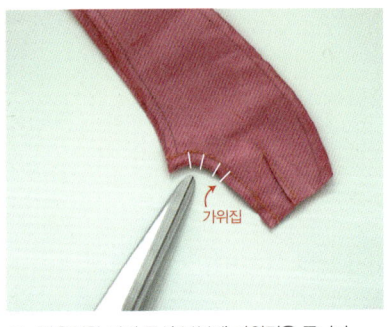

11. 박음질한 시접 곡선 부분에 가위집을 줍니다.

12. 시접을 갈라 다림질합니다.

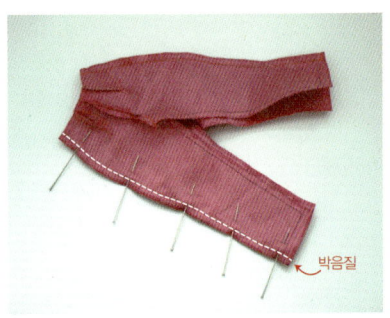

13. 바지 앞판과 뒤판을 겉면끼리 마주 대고 바지 옆선을 박음질합니다.

14. 박음질한 옆선 시접을 갈라 다림질합니다.

15. 바지 밑단을 시접분만큼 접어 다리고, 패브릭 전용 풀을 발라 고정합니다. 패브릭 전용 풀을 바르면 봉제선 없이 깔끔한 마무리가 가능합니다.

16. 바지 뒤중심 여밈 부분도 가위집을 주고 접은 다음 다립니다. 이 부분도 패브릭 전용 풀을 발라 고정합니다.

17. 바지허리 부분과 상체 허리 부분을 겉면끼리 맞대고 박음질합니다.

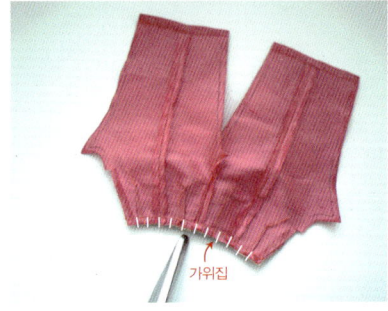

18. 시접 부분에 가위집을 넣습니다.

How to make

19. 시접을 상체 쪽으로 접어 상체 봉제 라인을 따라 스티치를 넣습니다.

20. 바지 뒤중심을 맞대고 박음질합니다.

21. 박음질한 뒤중심의 곡선 부분에 가위집을 줍니다.

22. 가위집을 넣은 뒤중심 시접을 갈라 다림질합니다.

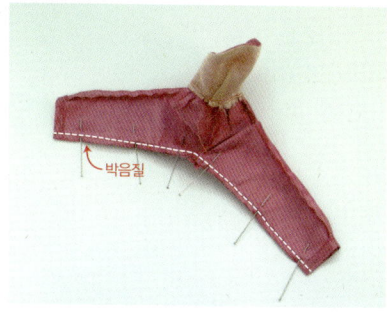

23. 바지 옆선을 기준으로 반으로 접어 바짓가랑이를 박음질합니다.

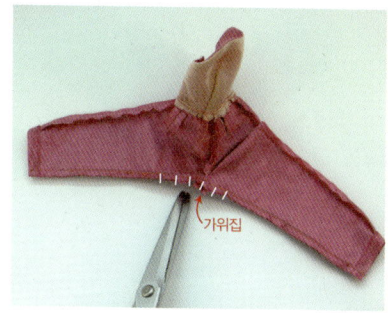

24. 가랑이 부분에 가위집을 줍니다.

25. 겉으로 뒤집어주세요.

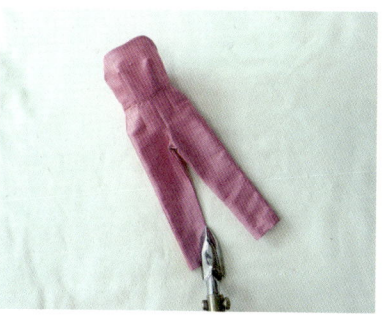

26. 다리미로 다려 모양을 잡습니다.

27. 이제 리본을 만들어보겠습니다. 가로 5cm, 세로 4.5cm 사이즈의 원단을 준비합니다. 이때 원단은 바이어스 방향으로 잘라야 자연스러운 느낌의 리본을 만들 수 있어요.

How to make

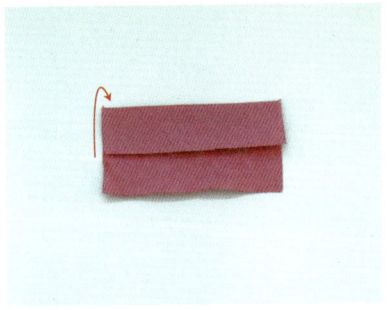

28. 원단의 1/3 가량을 접어주세요.

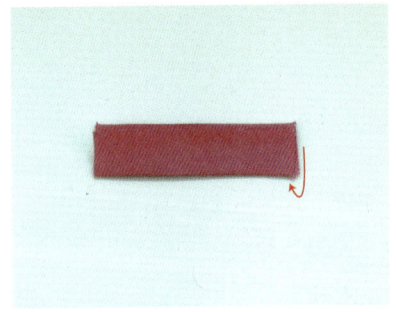

29. 나머지 한쪽도 접습니다.

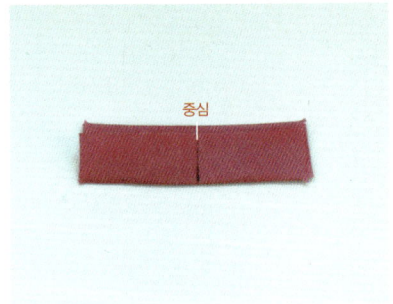

30. 가로 방향으로 반을 접고 중심을 표시합니다.

31. 표시한 선을 기준으로 양옆으로 접습니다.

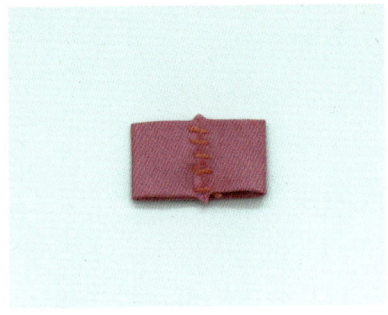

32. 리본 양옆을 접어 바느질로 고정합니다.

33. 리본의 가운데를 묶을 끈감을 준비하세요. 가운데를 묶을 끈 역시 바이어스 방향대로 준비합니다. 폭 1cm, 길이는 넉넉히 준비하세요.

34. 1/3 가량 접습니다.

35. 나머지 한쪽도 접어주세요.

36. 리본 몸통이 될 부분을 사진처럼 주름을 잡습니다.

How to make

37. 가운데를 35번 끈으로 두르고 바느질로 고정해 마무리합니다.

38. 허리 가운데에 달면, 완성!

BLYTHE is a trademark of Hasbro. ©2017 Hasbro, All Rights Reserved. BLYTHE character rights are licensed in Asia to Cross World Connections, Co., Ltd.
www.blythedoll.com

L 사이즈 모델

네오 블라이스 Neo Blythe

이번 촬영에는 젤리 타입 블라이스와 초판 블라이스, 두 가지 종류를 사용하였습니다.

초판 블라이스의 경우, 특유의 빈티지한 매력 때문에 리넨 소재의 의상과 잘 어울리더라고요. 젤리 블라이스의 경우에는 초판 블라이스와는 달리, 좀 더 세련된 분위기로 캐주얼 의상과 매치시켜 보았어요.

S 사이즈 모델

제리베리 JERRYBERRY

관절 바디 인형으로 오비츠 바디를 사용하며, 최근에는 자체적으로 바디를 생산하고 있습니다.
동화 같은 핸드페인팅 얼굴과 자유로운 포즈 연출이 장점이죠. 오비츠 바디라면 대부분의 의상이 호환 가능하며 자체 제작인 제리베리 바디의 경우, 허리 사이즈가 다소 타이트할 수 있어요.

쿠쿠클라라 kukuclara

볼륨감 있는 개성적인 바디, 통통한 다리, 매력적인 얼굴의 클라라는 캐주얼, 드레스 등 모든 의상을 두루 잘 소화합니다.
육일 사이즈 의상 중 원피스 류는 호환 가능하나, 볼륨감 있는 팔과 다리 때문에 타이트한 상의와 하의는 맞지 않을 수 있어요.

카카롯 cacarote

동그란 눈매의 카카롯은 특유의 귀여움과 사랑스러움을 가지고 있죠. 사랑스러운 드레스나 원피스가 특히나 잘 어울리며, 육일 사이즈 의상은 대부분 호환 가능합니다.

— epilogue —

"사랑스럽지만 섬세함도 갖춘
정교한 스타일을 추구해요"

1 쿠쿠 스모킹 원피스
2 그린 스모킹 원피스
3 에이프런 스모킹 원피스
4 핑크도트 스모킹 원피스
5 리버티 스모킹 원피스

Q '라디오'의 스타일을 한 마디로 정의해주세요.

A 섬세하면서도 유니크한 스타일을 추구하고 있어요. 본격적으로 블라이스와 국내 인형을 위한 인형옷을 만든 건 몇 년 되지 않았지만, 스무 살 때부터 구체관절 인형옷을 만들어 국내 행사장과 일본 경매 사이트에서 판매했어요. 의상디자인을 전공하고 웨딩드레스 디자이너로 5년 정도 일했는데, 그때의 경력이 인형옷을 디자인하는 데 많은 영향을 줬어요. 디자이너 시절, 고급스러운 소재와 레이스들을 많이 접하게 됐는데 그러면서 자연스럽게 인형 의상의 디자인뿐만 아니라 소재에 대해서도 많은 고민을 하게 됐죠. 해외 행사나 여행을 가면 원단 시장은 꼭 들러 그 나라의 원단들과 부자재들을 사오는 편이에요. 지금은 실크 소재를 이용하여 인형 바디에 꼭 맞는 의상을 주로 만들고 있지만, 앞으로는 좀 더 다양한 소재들을 개발해서 저만의 확실한 색을 내고 싶어요.

1 로얄블루
2 로얄레드
3 핑크레이디
4 카카롯 경매의상

1 리넨 스모킹 원피스
2 모던레이디
3 스모킹 자수기법 ①
4 바디수트

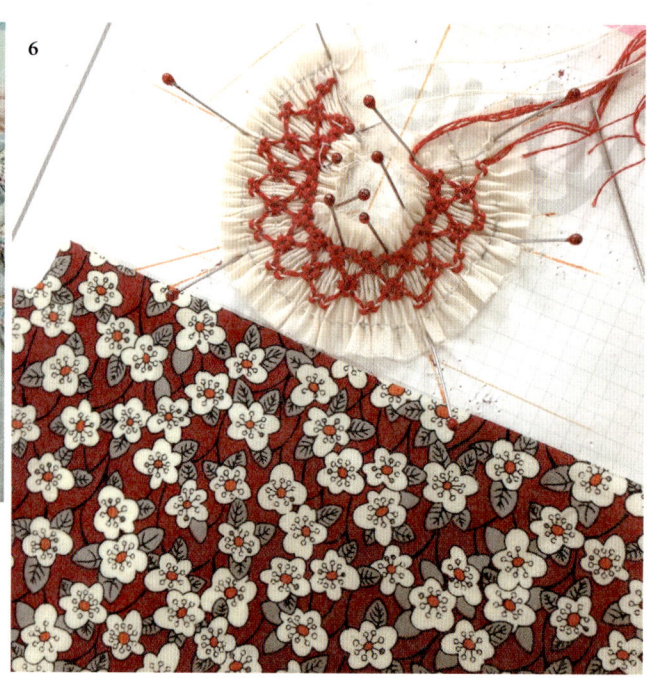

5 스모킹 자수기법 ②
6 스모킹 자수기법 ③

"섬세한 자수를
좋아해주시는 분들이 많아요"

Q 라디오 작가님은 국내뿐만 아니라 해외 팬들에게도 인기가 많은데요, 활동 상황에 대해 말씀해주세요.

A 블로그로 활동을 시작했어요. 연습 삼아 인형옷을 만들어 블로그에 올리면 좋아해주시는 분들이 많아 소량씩 판매하다가 '스윗 돌페어'라는 인형 행사장에서 처음 오프라인 판매를 시작하게 됐습니다. 그때 구매해주셨던 분들이 아직까지도 저를 많이 찾아주고 계세요. 그때부터 지금까지 꾸준한 활동과 국내 의상과는 조금 차별화된 디자인이 국내 팬 분들께 어필했다고 생각해요. 그러다 우연한 계기로 유럽에서 열리는 '블라이스콘 BlytheCon'을 알게 됐고, 당시 유럽은 한 번도 가본 적이 없어 친구들과 여행 삼아 참가하게 되었는데 생각보다 반응이 좋아, 그 후 1년에 한두 번씩 꾸준히 행사에 참가하고 있어요. 해외 참가 이후부터는 인스타그램으로 해외 팬들과 소통하고 있어요. 제 의상 색감이 강렬하고 자수가 화려하다 보니, 특히 중국 팬 분들께 인기가 많은 편이에요. 유럽 각지에서도 고정 팬들이 계셔서 늘 감사하는 마음으로 의상을 만들고 있죠.

1 알프스 소녀 자수
2 로얄 시리즈 자수

"라디오만의 스타일, 그걸 인정받고 싶어요"

Q 처음 시작부터 지금까지 스타일의 변천사와 앞으로 목표가 있다면 말씀해주세요.

A 블라이스와 국내 인형을 위한 의상을 만든 지는 5년 정도 돼가는 것 같네요. 길다면 긴 시간일지 모르지만, 아직까지 저만의 확실한 색을 만들기에는 많이 부족하다고 생각합니다. 처음에는 주로 리넨 소재와 자수를 이용하여 빈티지하면서 편안한 느낌의 의상을 만들었어요. 그러다 실크를 접하게 되면서 금사, 은사를 이용하여 소재에 맞춰 자수도 화려해지고 실루엣도 좀 더 타이트하게 변했죠. 아직까지 만들고 싶은 스타일이 머릿속에 가득해요. 그것들에 저만의 색을 입혀 좀 더 다양한 스타일을 선보여 드리고 싶고, 딱 봤을 때 '라디오 표 의상'이라는 것을 한눈에 알아볼 수 있도록, 스타일을 정립하는 것이 제 목표예요.

1 알프스 소녀
2 리넨 자수 원피스
3 쿠쿠클라라 콜라보의상
4 리틀초 콜라보의상
5 리버티 스모킹 원피스
6 오간자 원피스 세트
7 리본블랙 원피스
8 오프숄더 점프수트

◇ 당신은 언제나 옳습니다. 그대의 삶을 응원합니다. - 라의눈 출판그룹

나만 알고 싶은 러블리 인형옷 레시피!
라디오의 인형옷 클래스

초판 1쇄 | 2018년 3월 14일
　　2쇄 | 2018년 4월 17일

지은이 | 최지은
펴낸이 | 설응도
펴낸곳 | 라의눈

편집주간 | 안은주
편집장 | 최현숙
기획팀장 | 김동훈
편집팀 | 고은희
영업·마케팅 | 나길훈
전자책 | 설효섭
경영지원 | 설동숙

디자인 | 기민주
사진 | 김민재(어라운드 스튜디오)
종이 | 한솔PNS
인쇄 | 애드그린

출판등록 | 2014년 1월 13일(제2014-000011호)
주소 | 서울시 서초구 서초중앙로29길 26(반포동) 낙강빌딩 2층
전화번호 | 02-466-1283　　팩스번호 | 02-466-1301
e-mail | 편집 editor@eyeofra.co.kr
　　　　경영지원 management@eyeofra.co.kr
　　　　영업·마케팅 marketing@eyeofra.co.kr

ISBN 979-11-88726-12-7 13630

이 책의 저작권은 저자와 출판사에 있습니다.
서면에 의한 저자와 출판사의 허락 없이 책의 전부 또는 일부 내용을 사용할 수 없습니다.

♥ 패턴의 저작권 보호에 대한 주의사항 ♥
이 책에서 소개하는 작품을 복제하여 상업적(점포 및 인터넷 등)으로 무단사용하는 것을 금합니다.
즐기기 위한 용도로만 사용해주세요.